Die neue italienische Landküche

Doriana Frascarelli | Salvatore Denaro

Die neue italienische Landküche

Klassische und vegetarische Rezepte für jede Jahreszeit

h.f.ullmann

Inhalt

Vitamine

Vorwort …

Als wir uns zum ersten Mal trafen, um dieses Buch zu besprechen, saßen wir bei Doriana auf der Terrasse ihres Restaurants. Wie Sie an den Pfirsichblüten auf dem Bild erkennen können, machte sich bereits der Frühling bemerkbar. Dem Projekt hatten wir mit Begeisterung zugesagt. Täglich kochen wir im Sinne der *cucina contadina*, der Bauernküche auf dem Land; aber davon zu erzählen – welch' schöne Aufgabe!

Nun saßen wir zusammen, notierten Gerichte und überlegten, welche Mischung aus traditionelleren und von uns abgewandelten Rezepten Eingang ins Buch finden sollte. Was zeichnet die italienische Landküche aus, fragten wir uns dann. Tradition, war unsere erste Antwort, aber gleich tauchten auch Wörter auf wie „nachhaltig“, „gesund“ und „vegetarisch/vegan“. Denn all das ist die Landküche, wenn man nach den Jahreszeiten kocht, Pasta selbst herstellt, Urgetreidesorten verwendet oder in der Natur wildes Gemüse sammelt. So ist sie bei aller Traditionsverbundenheit modern.

Unsere besten Rezepte sowie Einblicke in das Landleben Italiens hat Dania D'Eramo für uns in diesem Buch festgehalten. Wir würden uns freuen, wenn wir Ihnen damit Lust machen auf unsere saisonale, bäuerliche Küche und Sie dazu inspirieren, im Einklang mit der Natur zu kochen. *Alla salute!*

Doriana Frascarelli & Salvatore Denaro

TOSCAN-FRUTTA
TOSCAN-FRUTTA
GRIESSER
GRIESSER
GRIESSER
Egma

Introduzione
Einführung

Jahreszeitenküche *all'italiana*! Natürlich nur mit dem, was gerade frisch auf dem Markt, direkt beim Bauern oder – noch besser – im eigenen Gemüsegarten zur Verfügung steht. Denn – ob in einem Bauernhof hoch auf den Südtiroler Almen, in einem *agriturismo* auf den sanften Hängen Umbriens oder in einem apulischen Landhaus, von knotigen Olivenbäumen umgeben – die Landküche des Bel Paese ist überall saisonal. Nach bewährter Tradition machen die Köchinnen und Köche Italiens die Natur zu ihrer Komplizin. So wie Doriana und Salvatore, die Sie in diesem Buch auf der Reise durch die Jahreszeiten begleiten. Und die dabei zeigen, wie modern diese Küche ist. Bolognese vegan? *Sì certamente*, probieren Sie den *sugo finto*! Essensfreude für alle. *Buon appetito a tutti!*

Stillleben mit Saisongemüse

Wenn Sie in die Küche eines italienischen Hauses auf dem Land kämen – ob bei Doriana, Salvatore oder in irgendeine andere Familienküche –, würden sich Ihnen, je nach Jahreszeit, ganz unterschiedliche Bilder bieten.

So steht dort im Frühjahr eine Zeit lang dunkelgrüner, grazil wirkender Wildspargel in Wassergläsern. Im Hochsommer erfreut der Raum mit seiner Farbenfülle: Da ist das Grün der Zucchini und das Gelb ihrer Blüten, das Violett der Auberginen, das Knallrot der Tomaten und das Rosa-Orange der Aprikosen. Im Herbst liegen Esskastanien und Nüsse, im Winter duftende Orangen im Obstkorb, während große Wirsingköpfe oder die pagodenhaften Spitzen des Romanesco-Kohls auf der Arbeitsfläche für Bewunderung sorgen.

Solche „Küchenstillleben" erzählen von der tiefen Verbindung der italienischen Landküche mit den Jahreszeiten. *Di stagione*, saisonal, ist das magische Wort. Nur so ist alles, was in der Küche zubereitet wird, wirklich frisch und schmackhaft.

Das Land & seine Küche

L'abbondanza vien dalla campagna – die Fülle kommt vom Land, sagt eine volkstümliche Redewendung. Nirgendwo könnte das zutreffender sein als in der italienischen *campagna*: Dank des milden und dennoch vielfältigen Klimas stellt jede Jahreszeit den Köchinnen und Köchen ein wahrhaft reiches Angebot an natürlich gereiften, hochwertigen Produkten zur Verfügung, die die beste Geschmacksstufe erreicht haben. Alles also nur zu seiner Zeit – und das bedeutet zudem preiswert.

Die *cucina contadina*, die bäuerliche Landküche, schöpft in all ihren regionalen Facetten aus diesem Füllhorn. Sie ist selbstverständlich eine Jahreszeitenküche. Doriana und Salvatore könnten sich ihre Küche gar nicht vorstellen ohne die tiefe Verbundenheit mit dem Rhythmus der Natur. So kochen sie – wie alle auf dem Land – nur mit dem, was diese gerade zur Verfügung stellt. Was gibt es Schöneres als eine Frittata mit Wildspargel im Frühling, nachdem man ihn selbst im Wald gesammelt hat? Oder Erfrischenderes als eine eiskalte Himbeer-Granita an einem heißen Sommertag? Was gibt es Naturnäheres als ein Steinpilz-Carpaccio im Herbst oder Tröstenderes als einen cremigen Risotto oder eine dampfende Linsensuppe, wenn draußen der Winter seine trüben Seiten zeigt?

Auf der Suche nach Frische und Qualität gehen Doriana und Salvatore nicht einfach schnell in den Supermarkt: Es wird überlegt, was nötig ist und dann entschieden, wo die besten Zutaten zu finden sind – an erster Stelle im eigenen Nutzgarten, dann beim Bauern nebenan. Geht es um Fleisch, fahren sie zum Metzger in der Nachbarstadt, der sich auf bestimmte Erzeugnisse aus der Gegend spezialisiert hat. Für Olivenöl gibt es für Doriana natürlich nur ihr eigenes Bio-Öl; hätte sie es nicht, würde sie wie Salvatore zum lokalen Erzeuger gehen, der alles noch von Hand macht und bei dem ein *olio evo* (*extra vergine di oliva*) wunderbar fruchtig schmeckt. In Italien ist man daran gewöhnt, Distanzen zurückzulegen, um Lebensmittel von höchster Qualität zu kaufen. Die Zeit, die man dafür braucht, wird als Investition betrachtet. Gutes Essen will Weile haben – und das fängt eben schon mit der Auswahl der Zutaten an.

Kaum eine Küche legt so viel Wert auf die Exzellenz der Zutaten. Denn dies ist eine der wenigen Grundregeln, die die italienische Landküche – und die italienische Küche im Allgemeinen – ausmacht: wenige Zutaten, dafür frisch und von bester Qualität, und einfache Zubereitung, die alle meistern können. So ist die Bezeichnung *cucina povera* – arme Küche –, die oft in Verbindung mit der Küche Italiens benutzt wird, auch im Sinne dieser Schlichtheit zu verstehen. Jedes Gericht ist ein intensives Geschmackserlebnis, bei dem sich das Aroma der wenigen Grundzutaten entfalten kann.

Die Rezepte in diesem Buch stellen saisonale Gerichte der Landküche aus den Regionen Italiens dar. Sie möchten eine Einladung sein, mit dem zu kochen, was gerade wirklich frisch im eigenen Garten oder auf dem Gemüsemarkt ist. Sie sind daher nach den Jahreszeiten angeordnet, damit Sie sicher sein können, dass die Zutaten, die Sie besorgen müssen, nicht nur im Gewächshaus gereift sind. Zum Teil sind es Gerichte, die von Generation zu Generation weitergegeben werden, im Wesentlichen seit jeher unverändert. Andere sind Kreationen von Doriana und Salvatore, die aus tiefer Kenntnis der Produkte heraus innerhalb der Tradition neu kombinieren. Dazu gehören auch vegetarische und vegane Rezepte, die die Modernität einer Traditionsküche wie der *cucina contadina italiana* zeigen. Da, wo Produkte verwendet werden, die nicht überall zu finden sind, haben wir Alternativen angegeben – wie etwa bei den so beliebten Chicoréesorten *puntarelle* oder *cicoria spadona*. Durch Vertiefungen zu Produkten wie diesen sowie zu wichtigen landwirtschaftlichen Ereignissen und Festivitäten, die in jedem Kapitel, den Jahreszeiten entsprechend, vorkommen, erzählen wir über den Verlauf der Zeit auf dem Land und wie dieser sich in der Küche bemerkbar macht. Das alles soll Ihnen Einblicke in das authentische Landleben Italiens und seine schmackhafte Küche geben.

Die Köchin und der Koch

Eine Fahrt durch Umbrien macht die große Rolle der Landwirtschaft im „grünen Herzen Italiens" sofort deutlich. Getreide- und Gemüsefelder in breiten Tälern, Olivenhaine und Weingärten an den Hängen prägen die Landschaft. Die Küche Dorianas und Salvatores nutzt diese Fülle ganz im Sinne der Traditionen dieser Region – bei Doriana mit Blick auch auf ganz Mittelitalien, bei Salvatore mit stark süditalienischen und anderen regionalen Einflüssen. Die Wege allerdings, die sie dazu führten, den Beruf des Chefkochs auszuüben, sind ganz unterschiedlich.

Als Dorianas Vater in den 1980ern die Lizenz erwarb, um seinen kleinen landwirtschaftlichen Betrieb mit Blick auf Assisi als *agriturismo* zu nutzen, ahnte die Familie noch nicht, was später auf sie zukommen würde. Die gesetzlichen Bedingungen für die Anerkennung als Agriturismo mussten erfüllt werden. Das hieß, man musste den Gästen Unterbringungsmöglichkeiten bieten sowie eine Gaststätte, die überwiegend Produkte eigener Herstellung oder von lokalen Erzeugern verwendet.

Erst Jahre danach wurden Gästezimmer in den beiden alten Gebäuden auf dem Grundstück geschaffen und die landwirtschaftlichen Räume im Haupthaus in einen Speisesaal umgewandelt. Olivenhaine, Getreide-, Hülsenfrüchte- und Gemüsefelder sowie kleinere Nutztiere waren schon vorhanden, um die Küche der Gaststätte mit ausgezeichneten Rohstoffen zu beliefern; ein Koch musste nun her. So wurde Doriana zur Köchin: Sie hatte einen stärkeren Bezug zur Küche als Schwester und Bruder und schon immer so gekocht, wie es in einem Agriturismo sein muss – an den Jahreszeiten orientiert, mit eigenen Produkten und nach den traditionellen Familienrezepten. Heute, da es so selbstverständlich ist, sie im weißen Kittel zu sehen, mag man das kaum glauben, besonders wenn man miterlebt, wie selbstsicher und stets gut gelaunt sie in der Küche schaltet und waltet, der Liebling ihrer Gäste. Ob ihr Vater das etwa vorausgesehen hatte?

Auch Salvatores Werdegang wurde von seinem Vater geprägt. Aus einer Bauernfamilie stammend, eröffnete dieser später eine *cantina*, eine Art Kiosk, im sizilianischen Piazza Armerina. Nach einem Tag Feldarbeit gönnten sich die Bauern dort einen einfachen „aperitivo siciliano": *olive schiacciate* (zerdrückte Oliven), Pecorino Piacentinu Ennese und eingelegtes Gemüse, begleitet von einem Hauswein aus der Gegend. Es war ein dunkler, verrauchter Raum, den Salvatore als Kind nicht besonders mochte. Aber Jahre später, nachdem er das Studium der Agrarwissenschaften in Perugia abgebrochen hatte, um sich der Welt der Gastronomie – zunächst als Sommelier, später als Koch – mit Leidenschaft zu widmen, ließ er sich davon inspirieren und servierte die gleichen Antipasti mit Grechetto oder Rosso di Montefalco in seinem liebevoll und gemütlich eingerichteten Restaurant „Il Bacco Felice“ in Foligno, Umbrien.

Kaum hatte er als Koch angefangen, legte Salvatore auch schon einen eigenen Gemüsegarten an. Er war von zu Hause durch seinen Vater damit vertraut und konnte sich das Kochen ohne selbst gezogenes Gemüse einfach nicht vorstellen. Obwohl er heute als Berater für Restaurants und bei gastronomischen Events tätig ist und auf seiner Visitenkarte die vielversprechende Bezeichnung „Food and Wine Enthusiast“ geschrieben steht, spricht Salvatore von sich als *oste contadino*, Bauern-Wirt. Sein Gemüsegarten ist mittlerweile legendär geworden: Die lange Tafel und ein großer Grill überzeugen den Besucher schon am Eingang, dass dort nicht nur angebaut und geerntet wird. Neben den vielen Gemüsesorten und den Maulbeerbäumen wachsen überall wunderschöne alte Rosen, auf die er sehr stolz ist; wenn man im Sommer da ist, lässt Salvatore den Gast gleich in seine Heirloom-Tomaten beißen – nicht hybridisierte, alte Sorten, deren intensiver Geschmack alle andere Sorten fade erscheinen lässt.

Obwohl sie nur wenige Kilometer von einander entfernt leben, hatten Doriana und Salvatore vorher noch keine Möglichkeit der Zusammenarbeit gehabt. Ihre Erfahrungen sind sicher recht unterschiedlich, ergänzen sich jedoch gut: die einer nah an den lokalen Traditionen agierenden *massaia*, einer Hausfrau auf dem Land (Doriana), und die eines leidenschaftlichen Gastronomen mit tiefen Kenntnissen in der Landwirtschaft (Salvatore).

Dennoch hat sie ihre bäuerliche Herkunft, die sie teilen, ähnlich geprägt. Spricht man mit ihnen über die Küche ihrer Kindheit, so erzählen sie, welche Glücksgefühle bestimmte Speisen in ihnen auslösten – sei es, weil sie nur während der entsprechenden Reifezeit einer Zutat gegessen wurden, sei es, weil sie nur zu bestimmten Festen zubereitet wurden.

Es ist dieses Glück, das durch den wertschätzenden Umgang mit dem Reichtum der Natur entsteht und das Doriana und Salvatore mit ihrer Küche – einer *cucina evocativa*, in Salvatores Worten – wiederbeleben möchten.

Primavera
Frühling

Die vielen Grüntöne in der Landschaft verraten es: Es ist Frühling! Bald wird man die ersten gebeugten Sammler wilder Blattgemüsesorten auf den Wiesen erblicken, denn auch wenn der Winter bisweilen noch an Ostern sein Gesicht zeigt, sind die kalten Tage gezählt.

Auch Doriana und Salvatore stellen sich auf die Jahreszeit ein: Von nun an verbringt Salvatore immer mehr Zeit im *orto*, dem Gemüsegarten, und kommt von den Spaziergängen mit seinem Mischling Mosé mit Körben voller Borretsch und Malve wieder, mit denen er schmackhafte Beilagen anrichten wird.

An den wärmeren Nachmittagen sitzt Doriana auf der Terrasse des Restaurants und ersinnt das *menù di primavera*: Jetzt ist die Zeit der grünen, wild wachsenden Blattgemüsesorten, der *fave*, der dicken Bohnen, und des nussig-bitteren Wildspargels. Auch will das Osteressen mit seinen traditionsreichen Gerichten geplant werden, die am Ostersonntag auf den Tisch gelangen.

vegetarisch

Cipolline in agrodolce

Süßsaure Perlzwiebeln

FÜR 4–6 PERSONEN

1 kg Perlzwiebeln
3 EL Zucker
100 ml Weißweinessig
100 ml Wasser
Saft von 1 Zitrone
50 g Butter
Salz, frisch gemahlener Pfeffer
5 EL Olivenöl

Sfiziose, also Leckerbissen, sind die kleinen Zwiebeln ohne Zweifel. Doriana bereitet sie immer frisch zu und serviert sie mal als Vorspeise, mal als Beilage zu Fleischgerichten neben einem einfachen Kartoffelpüree.

■ Zwiebeln kurz mit kochendem Wasser übergießen und anschließend schälen. Alle Zutaten in einen großen Topf geben, salzen, pfeffern und etwa 2 Stunden bei niedriger Hitze köcheln. Dabei immer wieder umrühren und bei Bedarf mehr Wasser hinzufügen.

vegetarisch

Insalata di fave & pecorino

Dicke-Bohnen-Salat mit Pecorino

FÜR 4 PERSONEN

800 g frische Dicke Bohnen in Hülsen (ergibt ca. 400 g Bohnenkerne)
200 g Pecorino mit schwarzen Pfefferkörnern
1 Bund Bergminze
Salz, frisch gemahlener Pfeffer
Olivenöl

Salvatore sagt:
Ich verwende hier gerne den Piacentinu Ennese, einen Pecorino aus dem sizilianischen Enna, der dank der Zugabe von Safran eine charakteristische gelb-orange Farbe hat (siehe S. 138). Ebenso gut lässt sich jeder andere Pecorino verwenden: Das süßliche Aroma der Bohnen ergänzt sich gut mit dem salzigen Käse.

Von März bis zum Sommeranfang sind die Bohnenfelder mit ihren geradlinigen Pflanzreihen und den großen Blättern ein verbreiteter Anblick. Obwohl die Produktion im Laufe der Zeit zurückgegangen ist, erfreuen sich Dicke Bohnen weiterhin großer Beliebtheit. In der schlichteren Variante dieses Rezepts werden die frischen Dicken Bohnen (auch Acker- oder Saubohnen genannt) einfach zu Pecorino serviert – in Ligurien kommen auch Salamiwürfel dazu. Salvatore kreiert daraus einen leichten Salat.

■ Die Bohnenkerne aus den Schoten pulen, indem man die Schotenhälften leicht auseinander zieht, öffnet und den Daumen entlang der Schote bewegt. Zum Enthäuten die kleine Spitze entfernen und das Innere vom unteren Teil her mit leichtem Druck herauspressen.

■ Die Rinde des Pecorinos entfernen, den Käse in 5 mm dicke Scheiben schneiden und dann würfeln. Minze waschen, abtropfen und fein hacken.

■ In einer großen Salatschüssel alles vermischen, salzen, pfeffern und mit reichlich Olivenöl beträufeln.

vegan

Crema di fave con catalogna

Dicke-Bohnen-Creme mit Blattzichorie

FÜR 4 PERSONEN

500 g getrocknete Dicke Bohnen
etwa 3 l Gemüsebrühe oder heißes Wasser
600 g Cicoria catalogna (Blattzichorie), ersatzweise Kulturlöwenzahn
1 Karotte
1 Stange Staudensellerie
1 Zwiebel
Salz, frisch gemahlener Pfeffer
Olivenöl

für ca. 3 l Gemüsebrühe
1 Karotte
1 Zwiebel
1 Stange Staudensellerie
1/2 Kartoffel
10 Pfefferkörner
Salz

Salvatores *orto* ist im Frühjahr das Reich der Bitterkeit, könnte man sagen: Die *cicoria catalogna* mit ihren langen weißen Stielen und den zackigen Blättern, die an die von ausgewachsenen Rucolapflanzen erinnern, ragt aus dem Boden neben anderen Chicoréesorten wie *spadona* und *selvatica*. Salvatore erklärt, wie gut diese Pflanzen für Leber und Galle sind und kennt auch immer die passenden Gerichte, die das Bittere am besten ausbalancieren. Wie diese Creme, bei der die *fave*, die Dicke Bohnen, dank ihrer Süße ein passendes Pendant bilden.

■ Am Vortag die Bohnen in Wasser legen und über Nacht quellen lassen. Vor dem Kochen Bohnen unter fließendem Wasser waschen.

■ Für die Gemüsebrühe alle Zutaten scälen, in 4 l Wasser zum Kochen bringen und köcheln lassen, bis sich die Flüssigkeit um 1/4 reduziert hat. Dann abseihen und beiseitestellen.

■ In einem großen Topf gesalzenes Wasser zum Kochen bringen. Catalogna waschen, Stiele von der Wurzel abscheiden und die Blätter im Wasser kochen. Anschließend abtropfen lassen.

■ Karotte, Sellerie und Zwiebel schälen und fein hacken. In einem großen Topf bei mittlerer Hitze in 5 EL Olivenöl andünsten. Nach etwa 10 Minuten Bohnen hinzufügen und kurz anbraten. Nach und nach ca. 2,5 l Gemüsebrühe dazugeben und mit einem Holzlöffel immer wieder umrühren.

■ Nach etwa 40 Minuten die Bohnen probieren, ob sie schon weich sind, und mithilfe eines Schneebesens zerkleinern. Bei Bedarf weiter kochen und eventuell mehr Brühe hinzufügen, bis die gewünschte Konsistenz erreicht ist. Mit Salz abschmecken.

■ Die abgetropfte Catalogna pürieren. Die Bohnencreme in tiefe Teller gießen und je einen Löffel Catalogna in die Mitte geben. Alles mit Pfeffer und einem *filo d'olio* würzen.

Salvatore sagt:
Obwohl das traditionelle Rezept aus Apulien getrocknete Bohnen vorsieht, können Sie dieses Gericht auch mit frischen fave *zubereiten. Catalogna oder Löwenzahn sollten Sie in gut sortierten Gemüsegeschäften problemlos finden. Auf die Creme können Sie auch Parmesan oder Grana Padano raspeln. Falls etwas Bohnencreme übrig bleibt, schmeckt sie auf einer einfachen Bruschetta köstlich, dann kräftig mit Pfeffer und Olivenöl würzen.*

Erbe spontanee & asparagi
Wildes Blattgemüse & Wildspargel

Erba cotta
Gekochtes Blattgemüse

FÜR 4 PERSONEN

2 kg grünes Blattgemüse (wildes Blattgemüse, Cicoria Catalogna, Cicoria Spadona oder Spinat, Mangold, Stängelkohl, auch gemischt) | 2 Knoblauchzehen
Salz | Olivenöl

Das sorgfältig gewaschene Gemüse in kochendem, gesalzenem Wasser blanchieren und dann abtropfen lassen. Abhängig von der Blattgröße ist es nach wenigen Minuten fertig. Um das Wasser soweit wie möglich zu entfernen, das abgekühlte und abgetropfte Gemüse mit den Händen auspressen und zu Kugeln formen. Diese lassen sich auch gut einfrieren. Dann Knoblauch schälen, in Olivenöl leicht anbraten und das Gemüse darin andünsten. So zubereitet, können Sie es auch für den Gemüsestrudel von S. 49 verwenden.

Mit den ersten wärmeren Sonnenstrahlen zieht es Salvatore nach draußen in den *orto*, den Gemüsegarten. Im Frühling verbringt er dort viel Zeit, jetzt fangen die Landarbeiten wieder richtig an, *fave* (Dicke Bohnen) und *cicoria spadona* (Blattzichorie) sind reif, und viel grünt ringsumher, was wild und essbar ist. Unterwegs auf Wiesen und Feldern ist Salvatore in guter Gesellschaft: Die Selbstversorger – keine Rarität in Italien! – haben den ganzen Winter darauf gewartet, wieder pflücken gehen zu können. Ausgerüstet mit Körben und spitzen Messern suchen sie mit Blick nach unten, was der Boden bietet: Wildspargel, Löwenzahn, Brennnesseln, Malve und jede Menge duftender Kräuter. Ein wahres Füllhorn, aus dem die Landküche nach Herzenslust schöpfen kann.

Die Misticanza

Nicht nur auf dem Land ist die Vorliebe für wildes Blattgemüse und Kräuter ausgeprägt: Ein Gang während der Saison über Straßenmärkte wie am Campo de' Fiori und auf der Piazza Vittorio in Rom würde es bestätigen. Gerade die Küche Roms, deren bäuerliche Wurzeln unverkennbar sind, liefert das beste Beispiel mit der *misticanza romana* (von „misticare" mischen, vermischen). Sie ist eine würzige Salatmischung aus rohem Wildgemüse: *tarassaco* (Löwenzahn), *pimpinella* (Pimpinelle), *rughetta* (Wildrauke), *raperonzolo* (Rapunzel-Glockenblume) und *cicoria* (Blattzichorie) sind nur einige Beispiele aus dem Misticanza-Repertoire, das im Grunde alles erlaubt, was wild wächst und essbar ist. Der Geschmack vieler dieser Pflanzen ist stark aromatisch, zum großen Teil bitter – die Vorliebe der Italiener für bittere Geschmacksnoten kommt hier zum Tragen.
Zubereitet wird die Misticanza einfach mit Olivenöl, Salz und Essig oder mit der Knoblauch-Sardellen-Soße des Puntarelle-Salats (siehe S. 165). Gegen Ende der Saison werden die Pflanzen eher gegart verzehrt und nach einem typischen Rezept für Blattgemüse zubereitet (siehe links).
Wenn Sie das wilde Blattgemüse im Geist des italienischen Landlebens selbst sammeln möchten, sollten Sie Pflanzen pflücken, die weit vom Straßenrand wachsen. Ansonsten findet man heutzutage Löwenzahn als Kulturpflanze auch in gut sortierten Gemüseläden, gebleicht und milder im Geschmack als sein wildes Pendant. Auch Chicorée, Rucola und Radicchio eignen sich für dieses Rezept.

Der Wildspargel

Diese wilde, dunkelgrüne Version des Spargels, auch spitzblättriger Spargel genannt, ist ein begehrter Bestandteil der jahreszeitlichen Küche. Dazu trägt vielleicht die Tatsache bei, dass er, anders als das wilde Blattgemüse, ohne große Vorkenntnisse erkannt werden kann. Allerdings benötigt man Geduld, da er etwas versteckt unter Eichen und Olivenbäumen wächst – das Sammeln kann also zu einem längeren Vergnügen werden. Vom Geschmack ist er dem grünen Spargel näher als dem weißen und hat eine nussige, leicht bittere Note. Er wird gerne für Pastagerichte und Frittate verwendet.

Frittata di asparagi – Spargel-Frittata

Die dünnen Stängel waschen und den unteren Teil entfernen. Den Rest in kleinere Stücke schneiden und in einer Pfanne mit Öl und einigen EL Wasser garen, bis er weich ist. Währenddessen Eier mit Salz, Pfeffer und Käse verquirlen und zum Spargel geben. Wenn die Eier zum großen Teil gestockt sind, den Rand langsam mit einem stumpfen Messer von der Pfanne lösen, diese anheben und leicht kreisen lassen, um noch flüssiges Ei nach unten fließen zu lassen. Die Frittata erst wenden, wenn die gesamte Fläche fest ist: Dafür einen großen flachen Teller auf die Pfanne legen und in der Mitte mit einer Hand fest andrücken, dabei mit der anderen die Pfanne am Griff halten. Jetzt die Pfanne rasch um 180° drehen, sodass die Frittata auf dem Teller liegt. Die Frittata dann mit der noch nicht gegarten Seite nach unten vom Teller wieder in die Pfanne gleiten lassen und ein paar Minuten weiter garen.

FÜR 4–6 PERSONEN

400 g Wildspargel oder dünner grüner Spargel | 8 Eier
80 g frisch geriebener Parmesan oder Grana Padano | 4 EL Olivenöl | Salz, frisch gemahlener Pfeffer

vegan

Pici (umbricelli) al tartufo

Handgemachte Spaghetti mit Trüffel

FÜR 4 PERSONEN

480 g Pici (siehe S. 116)
120 g frischer Trüffel + etwas zum Servieren
1 Knoblauchzehe
Salz, frisch gemahlener Pfeffer
Olivenöl

Bei der Zubereitung dieser handgerollten Spaghetti, deren Rustikalität am besten durch einfache, aber stark aromatische Soßen wie diese zur Geltung kommt, braucht man ein wenig Geduld, wie Doriana allzu gut weiß. Sie weiß aber auch davon zu berichten, wie die Teilnehmer an ihren Kochkursen gerade an dieser Pastasorte den meisten Spaß haben: Das Rollen und Formen versetzt alle miteinander wieder in ihre Kindertage zurück. Sollten also bei Ihnen Kinder beim Kochen mitmachen wollen, sind die Pici das ideale Übungsmaterial.

■ Pici wie angegeben vorbereiten. In einem großen Topf gesalzenes Wasser zum Kochen bringen.

■ Trüffel wie auf S. 103 beschrieben putzen und mit einem Trüffelhobel oder einer Käsereibe sehr fein reiben. Den Knoblauch schälen und fein hacken. In einer Pfanne kurz in 4 EL Olivenöl anbraten, dann die Trüffelspäne dazugeben, salzen, pfeffern und kurz anschwitzen. Herd anschließend ausstellen.

■ Pici ins kochende Wasser geben und so lange garen, bis sie an die Wasseroberfläche kommen. Mit einer Schaumkelle aus dem Topf heben, abtropfen lassen und in die Pfanne geben. Bei mittlerer Hitze etwa 5 Minuten garen.

■ In tiefen Tellern anrichten, mit Pfeffer würzen und mit frisch geraspeltem Trüffel garnieren.

Doriana sagt:
Mit Trüffel können Sie viele Pastasorten kombinieren, wie Tagliatelle, Tagliolini, Strangozzi oder Spaghetti.

Risi & Bisi

Reis mit Erbsen

Für 4–6 Personen

1,5 l Gemüsebrühe (siehe S. 22) oder heißes Wasser
1 kg frische Bio-Erbsen in Hülsen (ergibt ca. 400 g Erbsen)
400 g Reis (Vialone Nano)
2 Schalotten
50 g Pancetta
50 g Butter + 1 großer Würfel
50 g frisch geriebener Parmesan oder Grana Padano + etwas zum Servieren
Salz, frisch gemahlener Pfeffer

Man sollte dieses Gericht wirklich nur im Frühjahr zubereiten, meint Salvatore. Mit frischen Erbsen und mit Zugabe der gekochten Schoten wie in diesem Rezept schmeckt das Risotto ganz anders als mit tiefgefrorenen Hülsenfrüchten. Also die letzteren nur verwenden, wenn es wirklich nicht anders geht!

■ Gemüsebrühe wie angegeben zubereiten.

■ Erbsen in den Schoten unter fließendem Wasser sorgfältig waschen. Dann die Erbsen herauspulen, indem man die Schote leicht auseinander zieht, öffnet und den Daumen entlang der Schote bewegt.

■ Schoten in die heiße Brühe geben und köcheln lassen, bis sie weich sind. Anschließend mit einem Pürierstab pürieren, in ein Sieb geben und die Flüssigkeit in einer großen Schüssel auffangen. Die Flüssigkeit zurück in den Topf gießen, Erbsen dazugeben und bei mittlerer Hitze ca. 5 Minuten köcheln lassen. Mit Salz abschmecken.

■ Schalotten schälen und mit der Pancetta fein hacken. In einem großen Topf in der Butter andünsten. Reis dazugeben und leicht rösten, bis er glasig ist. Die Erbsenbrühe kellenweise zugießen, dabei ständig umrühren. Sobald die Flüssigkeit verdampft ist, mehr Brühe dazugeben. Der Garprozess dauert etwa 25 Minuten. Bei Bedarf mit Salz abschmecken.

■ Zum Schluss Parmesan und den Butterwürfel untermischen, Topf vom Herd nehmen, zudecken und ziehen lassen. Mit Parmesan und Pfeffer servieren.

Salvatore sagt:
Die Reissorte Vialone Nano *entspricht mehr meinem Gusto als der* Carnaroli, *der im Inneren* al dente *bleibt. Der letzte Schritt beim Kochen eines Risottos, wenn Parmesan und Butter zugefügt werden, heißt* mantecatura. *Mehr dazu können Sie auf S. 147 lesen.*

Tagliatelle di farro alla trota

Emmer-Tagliatelle mit Forellensoße

FÜR 4 PERSONEN

480 g Emmer-Tagliatelle (siehe S. 115)
2 Forellen, küchenfertig
10 Kirschtomaten
1 Knoblauchzehe
1 Zwiebel
1 Bund glatte Petersilie
100 ml Weißwein
Salz
Olivenöl

In Dorianas Restaurant ist es kein seltener Anblick, dass die Gäste das Verzehren dieses Pastagerichtes genüsslich mit einer *scarpetta* abschließen: Obwohl das Tunken von Brot in die Soße eher typisch bei Fleischgerichten ist, laden aromatische Fisch-Tomaten-Soßen wie diese auch dazu ein. Also vergessen Sie nicht, etwas Brot parat zu haben!

■ Tagliatelle wie angegeben vorbereiten.

■ Forellen unter fließendem Wasser abspülen und trocken tupfen. In einem großen Topf gesalzenes Wasser zum Kochen bringen und die ganzen Forellen 5 Minuten darin garen. Anschließend trocken tupfen und entgräten. Nur das weiße Fleisch verwenden.

■ In einem weiteren Topf Wasser für die Emmer-Tagliatelle zum Kochen bringen und salzen.

■ Tomaten waschen und vierteln. Knoblauch und Zwiebel schälen und fein hacken. Auch die Petersilie waschen und fein hacken.

■ In einer Pfanne Knoblauch und Zwiebel in 3 EL Olivenöl anschwitzen, Fisch dazugeben, salzen und 5 Minuten bei mittlerer Hitze garen. Mit Wein ablöschen. Dann Tomaten unterheben, kurz anbraten. Bei niedriger Hitze zugedeckt weiter köcheln lassen.

■ Pasta *al dente* garen. Frische Pasta kocht nur wenige Minuten und ist gar, wenn sie an die Wasseroberfläche steigt.

■ Emmer-Tagliatelle zur Fischsoße geben, Hitze erhöhen und Petersilie unterheben.

Doriana sagt:
Tagliatelle esse ich persönlich gerne zu dieser Soße, also serviere ich sie auch im Restaurant. Aber auch Taglierini oder Maltagliati passen gut dazu.

Abbacchio alla romana

Lammragout auf römische Art

Für 4 Personen

1 kg Lamm (Schulter oder Keule)
2 Knoblauchzehen
3 Rosmarinzweige
100 ml Weißwein
4 Sardellenfilets
Salz
Olivenöl

Ein *pranzo di Pasqua*, das österliche Mittagessen, ist in Rom und im Latium ohne dieses Milchlammrezept undenkbar. Die kulturelle Verbindung ist so stark, dass das römische Wort für Milchlamm, *abbacchio*, überall in Italien benutzt wird. Sardellenfilets erwartet man nicht unbedingt in einem Lammrezept, umso mehr wird diese schmackhafte, würzige Soße für Überraschung bei den Gästen sorgen.

■ Fleisch in mundgerechte Würfel schneiden und in einen großen Topf mit den Knoblauchzehen legen. Rosmarin waschen, mit Küchengarn zusammenbinden und dazugeben, 5 EL Öl hinzugießen, salzen und anbraten, bis das Fleisch von allen Seiten Farbe angenommen hat. Mit Wein ablöschen, Flüssigkeit reduzieren lassen, dann zugedeckt bei mittlerer Hitze etwa 40 Minuten garen. Bei Bedarf einige EL Wasser dazugeben.

■ Gegen Ende der Garzeit den Rosmarin aus dem Topf nehmen und das Küchengarn entfernen. Rosmarinblätterabzupfen, in eine Schüssel legen und zusammen mit den Knoblauchzehen und Sardellenfilets mit einem Pürierstab zu einer cremigen Masse pürieren.

■ Die Masse zum Fleisch geben und alles weitere 5 Minuten ohne Deckel durchziehen lassen.

Fegato alla veneziana

Leber auf venezianische Art

FÜR 4 PERSONEN

800 g Kalbsleber
500 g Zwiebeln
80 g Butter
5 EL Weißweinessig
Salz, frisch gemahlener Pfeffer

Die Aufgaben der drei Geschmacksgeber dieses Gerichts – Leber, Essig und Zwiebeln – sind genau definiert: Der Essig macht das starke Aroma des Fleisches dezenter, die Zwiebeln balancieren die Säure des Essigs und die metallischen Akzente der Leber durch ihre Süße aus. So hat die venezianische Küche ein kulinarisches Meisterwerk geschaffen, für das sie nicht zu Unrecht weltweit bekannt ist.

■ Leber waschen, trocken tupfen und, wenn nötig, in kleine, nicht allzu dünne Scheiben schneiden.

■ Zwiebeln schälen und in Streifen schneiden, dann mit der Butter in eine Pfanne geben, salzen, pfeffern und andünsten. Wenn sie glasig geworden sind, mit dem Essig ablöschen, dann bei niedriger Hitze zugedeckt ca. 1 Stunde kochen.

■ Während der letzten 10 Minuten die Leber hinzugeben, Hitze etwas erhöhen und auf beiden Seiten knusprig braten. Mit Salz und Pfeffer abschmecken und sofort servieren.

Salvatore sagt:
Das Geheimnis einer zarten Leber liegt in der Garzeit: Übertreiben Sie nicht damit!

I salumi – Wurstwaren

1001 Salami

So vielfältig wie die Gegenden – so vielfältig ist auch die Salami. Generell stammen mildere Salamisorten aus dem Norden (Milano, Felino), deftigere, mit Knoblauch und Pfefferkörnern gewürzte aus der Toskana, Umbrien und dem Trentino (Luganega Trentina), schärfere aus dem Süden ('nduja, Soppressata, Spianata Calabrese). Für ihr vollmundiges Aroma ist die viereckige, grobkörnige Spianata („die Abgeflachte") geschätzt. Schon im Mittelalter wurde in der Toskana mit Fenchelsamen anstelle des teuren Pfeffers gewürzt – so entstand die Finocchiona. Einige wenige Salamisorten werden leicht angeräuchert (Ungherese, Napoli), andere, auch in überschaubarer Anzahl, gehören als streichfähig in die Kategorie *morbido* (Ciauscolo aus den Marken, 'nduja aus Kalabrien).

Als Dorianas Bauernhof noch kein Agriturismo war, herrschte vor Ostern besondere Aufregung: Denn dann dauerte es nicht mehr lange, bis man endlich die traditionsgemäß im Winter hergestellten *salami* und *prosciutti* kosten konnte – und zwar nach umbrischer Sitte am Ostersonntag, zum Frühstück. Das Anschneiden der Würste war dann immer ein spannender Moment: War die *stagionatura*, die Reifung, im Dachboden erfolgreich verlaufen?
Die Produktion von Wurst für den Eigenbedarf ist für viele Familien auf dem Land noch immer ebenso selbstverständlich wie die von Tomatenkonserven oder Konfitüre: Das notwendige Wissen und die Rezepturen werden von Generation zu Generation weitergegeben. Schließlich ist das Haltbarmachen von Lebensmitteln ein Grundbestandteil der *cucina contadina*. Das belegt schon die schiere Zahl italienischer Wurstsorten: Es sind über 600, mit mehr als 40 DOP- und IGP-Gütesiegeln – einsamer Rekord in Europa.
Gleich, in welcher Region man ist: Eine Auswahl der lokalen Würste fehlt nie auf einem *piatto di antipasti*. Dabei unterscheidet man zwei Hauptkategorien von Wurstwaren.

Salami, Mortadella & Co.

Die *insaccati* („Eingesackte") werden mit gehacktem Fleisch produziert und anschließend in Naturdärmen luftgetrocknet (*stagionati*) oder gekocht (*cotti*). Kaum ein Haushalt in Italien würde lange ohne Salami im Kühlschrank auskommen. *Salami* (Pluralform im Italienischen von *salame*) sind rohe, luftgetrocknete Würste aus magerem Schweinefleisch, manchmal auch mit Rindfleisch gemischt, und festem Fett. Abhängig von Gegend und Sorte runden neben dem Salz Gewürze, Wein und manchmal Zucker die Zutatenliste ab und die Körnung variiert. Industriell hergestellte Salami kann auch Zusatzstoffe enthalten. Die Reifung dauert bis zu vier Monate – in dieser Zeit entsteht der weiße Schimmel, der den Geschmack prägt.
Die Mortadella, die imposante Brühwurst aus Bologna, mit Pistazien oder Pfefferkörnern, hält eine besondere Position im Herzen der Italiener – ganze Generationen sind mit *panini alla mortadella* groß geworden. Delikat, zugleich stark aromatisch, ist sie ein Klassiker – hauchdünn geschnitten und unbedingt auf ganz frischem Brot. Wegen ihrer besonderen Zusammensetzung ist auch die Soprassata in der Kategorie der Brühwürste nennenswert: Sie wird aus weniger hochwertigen Teilen des Schweins (Kopf, Ohren und Zunge) zubereitet, die nach dem Kochen in Jutesäcken zum Trocknen aufgehängt werden. Zitronenschalen, Knoblauch und Pfeffer machen ihr unvergleichliches Aroma aus.

LUMERIA MOD

Das Salsicciabrät

Unter den *salumi* erfreuen sich die pikanten Salsicciawürste großer Beliebtheit und werden sowohl frisch als auch getrocknet verzehrt. Auch wenn Sie keinen Wurstbefüller besitzen, ist Salsicciabrät so leicht vorzubereiten, dass es auch direkt zum Grillen oder für ein *ragù di carne* (siehe S. 83) verwendet werden kann. Allerdings benötigen Sie einen Fleischwolf dazu.

Für etwa 1 kg Würste benötigen Sie 600 g Schweinebauch ohne Schwarte, 400 g Fleisch aus der Schulter (beide idealerweise am selben Tag gekauft), 1 geschälte Knoblauchzehe, 3 g Pfeffer und 20 g Salz.
Zunächst werden die Gewürze und der Knoblauch in einem Mörser zerkleinert. Dann würfeln Sie das Fleisch, mischen es mit der Knoblauchpaste und drehen es durch den Fleischwolf (4-mm-Lochscheibe), bis das Brät eine gute Bindung hat. Anschließend formen Sie die charakteristischen Würstchen oder Burger aus der Hackmasse, verpacken sie in Alufolie und legen sie so auf den heißen Grill. Das Brät muss am selben Tag verzehrt werden.

Prosciutto, Lardo & Co.

In diese Kategorie gehören alle Wurstsorten, die aus ganzen Fleischstücken hergestellt werden. Entweder reifen sie durch Lufttrocknung (*stagionati*) oder werden gegart (*cotti*).

Prosciutto crudo, roher Schinken, genießt unter den Wurstwaren ein besonders hohes Ansehen. Das liegt sicher an der Reinheit seines Geschmacks, den man am besten einfach auf frischem Brot genießen kann oder in der Kombination mit Honigmelone und Feigen. Familien, vor allem auf dem Land, haben oft eine ganze, selbst eingepökelte Keule im Schinkenhalter, ein wahrer Schatz, der den Gästen anstelle von Kaffee und Kuchen zur Verköstigung angeboten wird. Das Fleisch wird im Grunde nur gesalzen und während der Reifung an der Luft mit einer Paste aus feinem Schmalz sowie, abhängig von der Sorte, Pfeffer und Knoblauch an der Schnittstelle eingerieben. Nach 10 bis 12 Monaten können die ersten Schinken verzehrt werden.
Prosciutto di Parma und Prosciutto di San Daniele gehören zur Sorte *dolce*. Diese Bezeichnung verdanken diese zwei DOP-Schinken der klimatischen Lage ihrer Herkunft: Der kühlere Norden ermöglicht das Einpökeln mit geringer Salzmenge und somit den milden Geschmack, der sich in hauchdünnen, regelmäßigen Scheiben entfaltet. Die Produktion unterliegt in beiden Fällen genauen Regelungen – Schweinerasse, Herkunft, Gewicht, aber auch Farbe und Geschmack sind streng festgelegt. Der San Daniele (aus dem Friaul) hebt sich optisch durch die typische Marmorierung ab.
Der höhere Salzanteil und die Aromen von Knoblauch und Pfeffer unterscheiden die Schinken aus der Toskana und Umbrien von denen des Nordens. Es sind deftigere, in der Farbe etwas dunklere Sorten, die bevorzugt von Hand geschnitten werden. Das ungesalzene Brot der beiden Regionen balanciert den hohen Salzgehalt des Schinkens aus und bildet somit eine perfekte Begleitung.
Der Speck aus Südtirol und dem Trentino ist der berühmteste *affumicato*, geräucherte Schinken. Wegen des höheren Feuchtigkeitsgrads der Gegenden, in denen er hergestellt wird, muss dieser vom Knochen getrennte Schinken nach dem Salzen zusätzlich kalt geräuchert werden, um haltbar zu sein. Gewürze sowie bestimmte Holzsorten, die beim Räuchern verwendet werden, geben ihm seine würzig-milde Note.
Neben den DOP- und IGP-Sorten finden sich in den Auslagen der Metzger oft auch rohe Schinken, die die Bezeichnung *nostrano* (einheimisch, lokaltypisch) tragen. Dies ist kein registrierter Begriff: Darunter versteht man Sorten, die nach lokalen Rezepturen hergestellt werden.

Als Delikatesse ist der Lardo di Colonnata weit über die Grenze seines kleinen Herkunftsorts, Colonnata in der Toskana, bekannt: Das ist ein reiner, weißer bis leicht rosafarbener Schweinespeck, der mit Kräutern und Gewürzen in Marmorbehältern eingelegt wird. Auf einer Scheibe

heißer Bruschetta schmilzt er im Nu und entfaltet ein unglaubliches Aroma. Wie seine magereren Verwandten Pancetta und Guanciale wird er auch zum Kochen verwendet.

Zur Kategorie der *stagionati* gehören auch kleinere Schinkensorten mit unterschiedlichen Würzrezepturen und aus diversen Fleischstücken: Lonza, Lombo, Capocollo oder Spalletta sind nur einige davon. Sie sind in der Regel alle intensiver im Geschmack, da stark mit Pfeffer und Knoblauch gewürzt. Sehr bekannt ist der fein-würzige Culatello aus der hinteren Keulenmuskulatur, der unter anderem mit Lambrusco eingerieben wird.

Wie sein rohes Pendant besteht Prosciutto cotto, gekochter Schinken, aus der Schweinekeule. Das Fleisch wird vom Knochen getrennt, gepresst und gedämpft. Dazu zählen diverse mehr oder weniger milde, aromatisierte Sorten.

Baccalà alle prugne

Baccalà mit Pflaumen

FÜR 4 PERSONEN

1 kg Baccalà (Stockfisch), küchenfertig
1 Zwiebel
1 Karotte
1 Stange Staudensellerie
1 Knoblauchzehe
1 Bund glatte Petersilie
50 ml Weißwein
400 g einfache Tomatensoße (siehe S. 83) oder 1 Dose passierte Tomaten
200 g getrocknete Pflaumen ohne Stein
Salz, frisch gemahlener Pfeffer
Olivenöl

Dank seiner Konservierung war der Baccalà der meistverzehrte Meeresfisch auf dem Land, weshalb er in der Regionalküche vielfach Verwendung findet. Obwohl heute Fisch gekühlt überallhin transportiert werden kann, bleibt die Beliebtheit des Baccalà bestehen, vor allem wenn es darum geht, würzige, traditionsreiche Gerichte wie dieses zuzubereiten. In der Landküche Umbriens war Baccalà schon immer sehr beliebt, so hat Doriana damit mehrere Rezepte im Repertoire.

■ Fisch unter fließendem Wasser waschen und trocken tupfen. Anschließend in größere Stücke schneiden.

■ Zwiebel, Karotte, Sellerie und Knoblauch schälen. Petersilie waschen, einige Blätter zum Garnieren beiseitestellen und den Rest zusammen mit dem Gemüse fein hacken. Die gehackten Zutaten in einer großen Pfanne bei mittlerer Hitze in 6 EL Olivenöl anschwitzen.

■ Wenn das Gemüse gegart aber noch bissfest ist, den Fisch dazugeben und kurz auf beiden Seiten anbraten. Dann mit Wein ablöschen, salzen und pfeffern. Wenn sich die Flüssigkeit reduziert hat, Tomatensoße einrühren, Pflaumen unterheben und etwa 20 Minuten zugedeckt bei niedriger Hitze kochen.

■ In Tellern anrichten und mit Petersilienblättern garniert servieren.

Doriana sagt:
Falls Sie den Fisch selbst wässern müssen, legen Sie ihn mindestens 24 Stunden in kaltes Wasser mit der Haut nach unten. Das Wasser sollten Sie zwischendurch 1 bis 2 Mal wechseln.

Orata all'acqua pazza

Doraden in Tomaten-Knoblauch-Sud

Für 4 Personen

4 mittelgroße Doraden (je ca. 250 g), küchenfertig
6 Knoblauchzehen
1 Bund glatte Petersilie
300 g Kirschtomaten
100 ml Weißwein
Salz, frisch gemahlener Pfeffer
Olivenöl

Einer Legende nach kam das Gericht zu seinem Namen, weil man im 19. Jahrhundert das gesalzene Wasser auf Grund des hohen Salzpreises „verrücktes Wasser" nannte. Andere erzählen, dass die Fischer gerne dieses einfache aromatische Gericht direkt auf hoher See zubereiteten – eben mit Salzwasser. Servieren Sie dazu unbedingt Brot zum Tunken: Das Gericht schreit geradezu nach *scarpetta*.

■ Den Backofen auf 180 °C vorheizen.

■ Petersilie waschen und die Blätter zerpflücken. Die Knoblauchzehen schälen.

■ Fische unter fließendem Wasser waschen, dann mit Küchenpapier trocken tupfen. Auf beiden Seiten die Haut mit einem scharfen Messer einritzen und den Fisch innen und außen salzen. Jeweils eine Knoblauchzehe und einige Blätter Petersilie in den Bauch legen.

■ Tomaten waschen und vierteln. Die restlichen beiden Knoblauchzehen schälen und in Scheiben schneiden.

■ Eine große Auflaufform mit 3 EL Öl einfetten und die Fische hineinlegen. Knoblauch, Tomaten und Petersilie hinzugeben, salzen und pfeffern. Zum Schluss mit dem Wein und etwas Wasser begießen: Die Flüssigkeit muss die Doraden nicht ganz bedecken.

■ Auf mittlerer Schiene in den Ofen schieben und etwa 30 Minuten backen.

■ Die Fische auf Tellern anrichten und mit dem Sud servieren.

vegan

Insalata di primavera

Frühlingssalat

FÜR 4 PERSONEN

500 g Cicoria spadona, ersatzweise 3 Köpfe Chicorée
2 Frühlingszwiebeln
10 Kirschtomaten
1 Handvoll Borretsch- und Rucolablüten
Saft von 1 Zitrone
Salz, frisch gemahlener Pfeffer
Olivenöl

Im Frühjahr, vor der eigentlichen Salatsaison, hat man früher die vielen Sorten wilden Blattgemüses verwendet, die man selbst pflückte. Diese bitteren Pflanzen sind leider im Ausland zum Teil kaum bekannt – so auch die Cicoria spadona. Beim nächsten Italienurlaub könnten Sie sich aber Samen davon besorgen und Ihre Gäste mit diesem würzig-bitteren Salat überraschen, der überdies eine echte Freude für das Auge ist.

■ Cicoria spadona sorgfältig waschen. Dann kurz in eine Schüssel mit kaltem Wasser legen (nicht nötig bei Chicorée). Anschließend in feine Streifen schneiden.

■ Frühlingszwiebeln waschen, äußere Haut entfernen und den helleren Teil in dünne Scheiben schneiden. Tomaten waschen und würfeln.

■ Borretsch- und Rucolablüten kurz unter fließendem Wasser spülen und abtropfen lassen.

■ Währenddessen eine Vinaigrette aus Zitronensaft, Olivenöl, Salz und Pfeffer zubereiten.

■ Alle Zutaten in eine Salatschüssel geben, mit der Vinaigrette beträufeln und kurz vermengen.

Salvatore sagt:
Die Zugabe der weißen Rucolablüten und der leuchtend blauen Blüten der Borretschpflanze sei Ihnen überlassen – Sie müssen sie nämlich selbst sammeln. Die Borretschblüten haben einen gurkenähnlichen Geschmack, während die Rucolablüten so wie der bekannte Salat schmecken.

vegan

Tortino di patate al rosmarino

Kartoffeltörtchen mit Rosmarin

FÜR 4 PERSONEN

800 g Kartoffeln
ca. 100 g grobes Salz
2 Rosmarinzweige
50 ml Olivenöl + etwas zum Einfetten
frisch gemahlener Pfeffer

Salvatore gefällt es besonders, simple Gerichte durch kleine Details zu bereichern. In diesem Fall genügt die Zugabe von fein gehacktem Rosmarin, um aus diesen einfach zubereiteten Kartoffeln eine besonders leckere Beilage zu machen. Und dann serviert er sie noch in hübscher Törtchenform – *anche l'occhio vuole la sua parte*: Auch das Auge isst mit.

■ Backofen auf 180 °C vorheizen.

■ Kartoffeln waschen, schälen und in 5 mm dicke Scheiben schneiden.

■ Salz auf einer Auflaufform verteilen, die Kartoffelscheiben nebeneinander darauflegen und mit Alufolie bedecken. Die Auflaufform auf die mittlere Schiene des Backofens schieben und 45 Minuten garen, bis die Kartoffeln weich sind.

■ Währenddessen Rosmarin waschen, Blätter abzupfen, sehr fein hacken und in einer Schüssel mit Olivenöl und Pfeffer gut vermengen.

■ Kartoffeln aus der Auflaufform nehmen, in einer breiten Schüssel mit der Gabel grob zerdrücken, Rosmarinmarinade hinzugießen und alles gut vermischen. Die Kartoffeln portionsweise in ein kleines, mit Öl bepinseltes Backförmchen füllen und zum Servieren auf die Teller stürzen.

Asparagi bianchi con salsa di uova sode

Weißer Spargel mit Soße aus gekochten Eiern

FÜR 4 PERSONEN

800 g weißer Spargel
1 TL Zucker

für die Soße
3 Eier
Saft von 1/2 Zitrone
100 ml Olivenöl
1 EL Salzkapern
2 Sardellenfilets
Salz, frisch gemahlener Pfeffer

Spargel gehört auch in Italien zu den beliebtesten Saisongemüsesorten. Besonders gerne wird der Wildspargel gegessen, den man im Frühjahr selbst pflückt und der vor allem in Pastasoßen und Frittatagerichten Verwendung findet. Die dickeren weißen und grünen Sorten werden hingegen als Beilage gegessen. In diesem Rezept ist die Soße praktisch eine würzige Mayonnaise aus gekochten Eiern, die man zum Beispiel auch für Crostini wunderbar verwenden kann.

■ Eier hart kochen. Sardellen und Kapern sehr fein hacken.

■ Spargel waschen und schälen, die holzigen Enden abschneiden. In einem hohen Topf gesalzenes Wasser zum Kochen bringen, dann Zucker dazugeben und Spargel etwa 20 Minuten darin garen.

■ Währenddessen die gekochten Eier schälen und halbieren, die Eigelbe herausnehmen und in einer Schale fein zerdrücken. Zwei Eiweißhälften fein hacken und beiseitelegen.

■ Die zerdrückten Eigelbe in die Schüssel einer Küchenmaschine geben, Zitronensaft hineingießen und die Maschine auf niedrige Geschwindigkeit schalten. Das Olivenöl ganz langsam hineingießen, bis die Masse cremig ist. Die Sardellen-Kapern-Mischung und das gehackte Eiweiß unterheben und weiter bearbeiten, bis die Soße glatt genug ist. Mit Salz und Pfeffer abschmecken.

■ Spargel abgießen und mit der Soße servieren.

Salvatore sagt:
Um den Spargel aufrecht zu kochen, können Sie sie mit Küchengarn zusammenbinden und mit den Köpfen nach oben in den Topf stellen. Falls etwas von der Soße übrig bleibt, können Sie die restlichen Eiweißhälften damit befüllen und als Vorspeise servieren.

vegetarisch

Strudel di verdure e ricotta

Gemüse-Ricotta-Strudel

FÜR 2 STRUDEL

für den Teig
300 g Mehl
4 EL Olivenöl
einige EL Wasser
1 TL Salz

für die Füllung
300 g Mangold
500 g Ricotta
2 Eier
50 g frisch geriebener Parmesan oder Grana Padano
1 Prise frisch geriebene Muskatnuss
Salz, frisch gemahlener Pfeffer
Olivenöl

An schönen Frühlingstagen erwacht schnell die Lust auf die ersten *scampagnate*, Picknicks auf dem Land: Vielleicht ist man unterwegs auf der Suche nach *asparagi* (Wildspargel) oder *cicoria* (Blattzichorie), oder will einfach die ersten sonnigen Tage, das Aufblühen der Natur genießen. Als kleine Mahlzeit zwischendurch bietet sich dieser herzhafte Strudel an.

■ Für den Teig alle Zutaten in eine Schüssel geben und alles verarbeiten, bis der Teig glatt und weich ist. Wasser nach Bedarf hinzufügen. Alternativ eine Küchenmaschine benutzen. Den Teig 30 Minuten ruhen lassen.

■ In einem großen Topf gesalzenes Wasser zum Kochen bringen. Mangold waschen, Stiele abschneiden und ins kochende Wasser geben. Nach etwa 10 Minuten die Blätter dazugeben und etwa 5 Minuten blanchieren. Anschließend abtropfen lassen.

■ Den Backofen auf 180 °C vorheizen. Den Mangold und alle weiteren Zutaten für die Füllung in eine Schüssel geben und gut vermischen.

■ Den Teig halbieren und jede Hälfte auf einer bemehlten Arbeitsfläche dünn zu einem Kreis ausrollen.

■ Die Hälfte der Mangold-Mischung auf einem Teigkreis verteilen, anschließend zu einem Strudel rollen. Mit der anderen Hälfte wiederholen.

■ Ein Backblech mit Backpapier auslegen, die beiden Strudel darauflegen und im Ofen ca. 25 Minuten backen, bis der Teig eine goldgelbe Farbe bekommen hat.

■ Warm oder kalt servieren.

Doriana sagt:
Dieser herzhafte Strudel kennt viele Variationen: Zum Beispiel können Sie anstelle von Mangold auch Spinat oder andere bittere Blattgemüsesorten wie z. B. Blattzichorie oder Löwenzahn verwenden. Sehr beliebt ist auch die Variante erba e salsiccia, *also Blattgemüse und italienische Wurst: Dafür 3 Salsiccia-Würste (siehe S. 36) mit etwas Wasser in der Pfanne kochen, dann in grobe Stücke schneiden und zur Gemüsemischung geben. Den Ricotta lassen Sie in diesem Fall weg, was Ihnen übrigens ohnehin freisteht (siehe S. 24).*

Zuppa inglese rustica

Rustikale Zuppa Inglese

FÜR 6–8 PERSONEN

ca. 250 g Ciambellone della nonna (siehe unten) in 1 cm dicken Scheiben
30 g Kakao
100 ml Alchermes (roter toskanischer Gewürzlikör) oder Rum, nach Belieben mit Wasser verdünnt

für die Creme
5 Eigelb
80 g Zucker
50 g Mehl
1 Stück Schale von 1 Bio-Zitrone
1 Zimtstange
3 Kaffeebohnen
1/2 l Milch

Bei ländlichen Hochzeiten, Taufen und anderen Feierlichkeiten war dies in der Vergangenheit das Dessert der Wahl. In dieser Version mit dem Ciambellone entspricht es im Ganzen dem Esprit der *cucina contadina*.

■ Zitronenschale mit Zimt, Kaffeebohnen und Milch in einen Topf geben und zum Kochen bringen.

■ Die Eigelbe mit dem Zucker verquirlen. Nach und nach das gesiebte Mehl untermischen. Gewürze aus der Milch entfernen, die Eiermasse mit einem Schneebesen einrühren, kurz aufkochen und unter ständigem Rühren bei niedriger Hitze köcheln lassen, bis die Creme eingedickt ist. Etwa 1/3 der Creme abnehmen und mit dem Kakao mischen. Alles abkühlen lassen.

■ Eine Auflaufform mit der Hälfte der Ciambellone-Scheiben auslegen, mit Alchermes tränken und Kakaocreme darauf verteilen. Mit den restlichen Scheiben belegen, wieder mit Alchermes tränken und die gelbe Creme darauf streichen. Anschließend mit etwas Alchermes beträufeln. Vor dem Servieren in den Kühlschrank stellen.

Ciambellone della nonna

Omas Rührkuchen

abgeriebene Schale von 1 Bio-Zitrone
150 g Butter + etwas zum Einfetten
4 Eier
170 g Zucker
150 ml Milch
80 ml Weißwein
500 g Mehl
1 Päckchen Backpulver

Der Genuss dieses einfachen Kuchens ist ausschließlich der Familie vorbehalten. In seiner rustikalen Schlichtheit bietet er sich sowohl für das Frühstück als auch für den kleinen Hunger am Nachmittag an.

■ Backofen auf 180 °C vorheizen. Eier mit dem Zucker in einer großen Schüssel verquirlen. Nach und nach Butter, Milch, Wein und die Zitronenschale einarbeiten, bis die Masse cremig ist. Mehl und Backpulver unterheben und alles zu einem glatten Teig verarbeiten.

■ Eine Backform mit Loch oder eine Guglhupfform einfetten, den Teig hineingießen und gleichmäßig verteilen. Im Ofen 50 Minuten backen, bis die Oberfläche eine goldgelbe Kruste gebildet hat.

Biancomangiare

„Das weiße Essen"

Für 6 Personen

80 g Zucker
40 g Maisstärke
abgeriebene Schale von 1/2 Bio-Zitrone
1 Stück Zimtstange
1/2 l Vollmilch
gehackte Pistazien zum Garnieren

Diese süße Speise, die ursprünglich auch mit Geflügelfleisch zubereitet wurde, gehört nicht wirklich zu den traditionellen Desserts der Landküche. Möglicherweise vermischen sich hier arabische und französische Einflüsse. Fragt man jedoch Salvatore, erfährt man, dass dieser delikate Pudding aus Milch oder Mandelmilch, der traditionell in Sizilien und Sardinien gegessen wird, in seiner Kindheit auf dem Land durchaus verbreitet war und vor allem für Kinder und ältere Menschen zubereitet wurde.

■ 6 Schalen oder Puddingförmchen befeuchten.

■ Zucker, Maisstärke, Zitronenschale und Zimt in einen Topf geben und gut vermischen. Milch nach und nach hineingießen, mit einem Holzlöffel ständig rühren und alles bei niedriger Hitze kochen, bis Blasen entstehen. Etwa 2 Minuten weiter garen, dann vom Herd nehmen, Zimtstange entfernen und die Masse in die Förmchen gießen.

■ Ein wenig abkühlen lassen, dann mit den Pistazien garnieren. Wenn die Schalen ganz abgekühlt sind, mehrere Stunden kaltstellen.

Salvatore sagt:
Garnieren können Sie dieses Dessert auch mit Mandelsplittern und kandierten Früchten. Auch können Sie fein gehackte Mandeln beim Kochen direkt in den Pudding einarbeiten.

La Pasqua – Ostern

Libum
Käsebrötchen

FÜR 10 MITTLERE BRÖTCHEN
200 g frisch geriebener Pecorino Romano oder Parmesan | 400 g Vollkornmehl (Emmer oder Dinkel) | 200 g Ricotta | 2 Eier | 2 TL Salz | 10 Lorbeerblätter | Olivenöl

Das Rezept für diese Art Käse-Focaccia stammt aus dem antiken Rom und ist schon in der Schrift „De Agricultura" von Cato dem Älteren enthalten. Das Libum (vom Lateinischen *libare*, opfern) diente als Opferspeise für die Götter.

Den Ofen auf 180 °C vorheizen. Alle Zutaten – außer Lorbeerblätter und Öl – mischen und kneten, bis der Teig geschmeidig ist. Teig kurz ruhen lassen, anschließend 10 Kugeln daraus formen, ein wenig flachdrücken und auf einer Seite sternförmig einschneiden. Die Lorbeerblätter mit Olivenöl bestreichen, auf ein mit Backpapier bedecktes Blech legen und die runden Teigstücke darauf platzieren. Im vorgeheizten Ofen 25 Minuten backen.

Unter den religiösen Festen in Italien wartet vermutlich Ostern mit den ausgeprägtesten Essensbräuchen auf. Kirchliche Sitten und Vorgaben vermischen sich mit bäuerlichen Traditionen und dem natürlichen Zyklus der Natur, die im Frühjahr viel zu bieten hat. Das Ende der Fastenzeit trifft hier sozusagen auf gute äußere Bedingungen.

Vor allem auf dem Land folgt man kulinarischen Traditionen, die weit über den klassischen Lammbraten hinausgehen. Früher, als das Fasten viel strenger befolgt wurde, standen bestimmte Gerichte wie die bittere *erba cotta* (siehe S. 24) oder eine herzhafte Version des Biancomangiare (siehe S. 53) wegen seiner „Reinheit" als Zeichen der Buße auf dem Speiseplan. Heute ist vor allem die *vigilia* am Karfreitag das Symbol für die Bußzeit: An diesem Tag darf kein Fleisch verzehrt werden.

Überall in Italien kommt in dieser Zeit besonders die Backkunst zur Geltung: Die meist industriell produzierte *colomba di Pasqua* (Ostertaube) und die riesigen Schokoladeneier, die den Kindern geschenkt werden, verblassen angesichts der aromatischen Pastiera, einer neapolitanischen Torte mit Füllung aus Ricotta und kandierten Früchten, der bunten Süßbrote mit den witzig herausschauenden gekochten Eiern noch in der Schale oder der Osterlämmer aus Marzipan, die die regionalen Traditionen Süditaliens vorsehen.

Doriana backt unter anderem zwei in Form und Konsistenz an Panettone erinnernde Kuchen, die in Umbrien am Ostersonntag gegessen werden: zum einen die *pizza al formaggio*, einen herzhaften Hefekuchen mit Pecorino, der die frisch angeschnittenen Würste begleitet und aus der Tradition der römischen Opferbrote mit Käse stammt (siehe links), zum anderen die *pizza dolce*, ihr süßes Pendant mit Rosinen und kandierten Früchten. Diese hohen, in großer Zahl gebackenen Kuchen bedeuten für die Köchin viel Arbeit: Der Teig muss ausdauernd und kräftig mit den Händen geknetet werden.

Die Redensart *Natale con i tuoi, Pasqua con chi vuoi* (Weihnachten mit der Familie, Ostern mit wem man möchte) trifft besonders auf die Pasquetta, den Ostermontag, zu. An diesem Tag werden Ausflüge mit Freunden organisiert und jede Region hat dazu eigene Kochtraditionen: Die *torta pasqualina* in Ligurien, eine Pastete mit einer Füllung aus Blattgemüse und ganzen Eiern, und der kampanische *casatiello napoletano*, ein herzhafter Kuchen mit Salami- und Käsewürfeln und gekochten Eiern noch in der Schale, sind Beispiele dafür. *Frittata di asparagi* (siehe S. 25), *fave e pecorino* (siehe S. 20) und Salami begleiten hingegen fast überall dieses erste Picknick des Jahres.

Estate
Sommer

Ein Jahr lang hat man ihn mit Recht erwartet: Viel mehr als nur eine Jahreszeit ist der italienische Sommer ein Lebensstil für sich. Die Nacht wird zum Tag, und Jung und Alt entfliehen in fröhlicher Stimmung der noch anhaltenden Hitze in den Häusern nach draußen, auf der *piazza* oder auf einer *sagra*, einem Dorffest.

Von Tag zu Tag wird die Sommerküche leichter. Abgesehen von der gelegentlichen *grigliata* und den einfacheren Gerichten ist für Fleisch wenig Platz übrig, denn man kann sich an dem sonnendurchdrungenen Gemüse kaum satt essen.

Doriana und Salvatore arbeiten jetzt auf Hochtouren: Die Zucchiniblüten werden vor dem vollen Aufblühen morgens gepflückt und abends im Teigmantel frittiert, Tomaten werden in allen Variationen zubereitet. Für unsere beiden Köche ist an Urlaub gar nicht zu denken – jetzt ist die Zeit, den Urlaub der anderen mit den einfachen, aber schmackhaften Sommergerichten der Landküche zu bereichern.

Tris di crostini

Crostini-Trio

ANTIPASTI
FÜR 24 STÜCK

Für jeden Belag 4 mittelgroße Scheiben italienisches Landbrot goldbraun rösten und halbieren; als Alternative ein Baguette in 24 Scheiben schneiden und rösten

Wo liegt der Unterschied zwischen einem *crostino* und einer *bruschetta*? Die Frage ist nicht leicht zu beantworten, schließlich gilt für beide: Man nehme italienisches Landbrot in Scheiben und verfeinere sie mit verschiedenen Zutaten. Bei den Crostini kann das Brot allerdings auch ungeröstet sein und eine Bruschetta ist meist etwas schlichter gehalten. Dorianas Pragmatismus lässt alle Überlegungen beiseite: Einen Vorspeisenteller ohne eines der beiden hat man jedenfalls noch nicht gesehen.

Paté di fegato *Hühnerleberpastete*

400 g Hühnerleber
1 Zwiebel
1 Karotte
1 Stange Staudensellerie
50 ml Olivenöl
4 Salbeiblätter
20 Kapern
1 Sardellenfilet
100 ml Weißwein
100 ml Rotweinessig
Saft von 1/2 Zitrone
50 g Butter
Salz, frisch gemahlener Pfeffer

■ Die Hühnerleber unter fließendem Wasser waschen und abtrocknen. Zwiebel, Karotte und Sellerie schälen, halbieren und in einem großen Topf mit dem Olivenöl bei mittlerer Hitze kurz anschwitzen. Leber, Kapern, Sardellenfilet und Salbei dazugeben und anbraten. Die Leber auf jeder Seite Farbe annehmen lassen, salzen und pfeffern, dann mit Wein, Essig und Zitronensaft ablöschen. Zugedeckt bei geringer Hitze ca. 1 Stunde garen. Es muss genügend Flüssigkeit vorhanden sein, damit nichts anbrennt. Bei Bedarf etwas Wasser hinzufügen. Zum Schluss die Butter dazugeben.Vom Herd nehmen und nach dem Abkühlen mit einem Pürierstab zu einer cremigen Paste pürieren. Mit Salz und Pfeffer abschmecken und das Brot damit bestreichen.

Pomodoro & basilico

Tomaten & Basilikum

200 g Rispen- oder Kirschtomaten
8 Basilikumblätter
Olivenöl
Salz, frisch gemahlener Pfeffer

■ Tomaten und Basilikum waschen. Die Tomaten würfeln und das Basilikum fein hacken. Alles in einer Schüssel vermischen, mit Salz und Pfeffer würzen und reichlich Öl hinzugeben. Kurz ziehen lassen, dann auf den Brotscheiben verteilen.

Tartufo *Trüffel*

80 g schwarze Trüffel
1 Knoblauchzehe
Olivenöl
Salz, frisch gemahlener Pfeffer

■ Die Trüffel wie auf S. 103 beschrieben putzen, dann mit einer Reibe fein reiben. Knoblauch in einer Pfanne in etwas Olivenöl anbraten. Sobald er leicht Farbe angenommen hat, aus der Pfanne nehmen und die Trüffel im Öl bei geringer Hitze kurz erwärmen, dann die Hitze ausstellen. Mit Salz und Pfeffer abschmecken und das Brot damit bestreichen.

vegan

Panzanella *Brotsalat*

FÜR 4 PERSONEN

200 g italienisches Landbrot, 2–3 Tage alt
3 EL Weißweinessig
1 EL getrockneter Oregano
300 g Kirschtomaten
2 kleine Salatgurken
1 Stange Staudensellerie
1 Zwiebel
2 EL grüne Oliven ohne Kern
1 Bund Basilikum
Salz
Olivenöl

Non si butta via niente! – Man wirft nichts weg! Diesen Satz hört man häufig in den Küchen Italiens, und dieser Grundsatz gilt in besonderem Maße für Brot. Gerichte wie die Panzanella befolgen exemplarisch die Grundregeln der *cucina povera*: Wiederverwendung, Einfachheit der Zubereitung und ein gewisser Minimalismus bei der Anzahl der Zutaten. Die sollten dann allerdings komplett saisonal und natürlich frisch sein, denn nur so kann alles so schmecken, wie es sollte.

■ Das Brot in eine Schüssel legen und mit 100 ml Wasser und dem Essig einweichen lassen, ohne dass es zu aufgeweicht wird. Anschließend mit den Händen auspressen, zerpflücken und in eine andere Schüssel geben. Mit Salz und Oregano würzen.

■ Kirschtomaten vierteln, Gurken und Sellerie in kleine Würfel, Zwiebeln in dünne Streifen schneiden, Oliven dritteln. Einige Blätter Basilikum beiseitelegen und den Rest grob hacken. Gemüse und Basilikum zum Brot geben und vermengen. Mit Salz abschmecken und reichlich Olivenöl untermischen. Vor dem Servieren im Kühlschrank durchziehen lassen und mit den Basilikumblättern garnieren.

Salvatore sagt: Panzanella bereite ich statt mit Brot am liebsten mit apulischen friselle *zu. Das sind runde Knäckebrote aus Gerstenmehl, die quer halbiert und anschließend geröstet werden. Der Salat bekommt mehr Biss, weil die Knäckebrote nicht zu weich werden, und schmeckt würziger. Sie können auch dickere Knäckebrotsorten dafür verwenden oder, wenn Sie Kümmel mögen, Südtiroler Schüttelbrot.*

Insalata di farro con salame & pecorino

Emmersalat mit Salami & Pecorino

FÜR 4 PERSONEN

300 g Emmerkörner
100 g italienische Salami
100 g mittelalter Pecorino
4 EL Balsamicoessig
100 g Rucola
Salz, frisch gemahlener Pfeffer
Olivenöl

Doriana sagt:
Mit Perl-Emmer sparen Sie Zeit, denn er muss nur 1 Stunde eingeweicht werden.

Die Wiederentdeckung älterer Getreidesorten wie Emmer hat der italienischen Küche viele neue Impulse gegeben. Wie etwa dieser Salat, den Doriana auch mit Tomaten und Rucola zubereitet. Emmer ist bekömmlicher und reicher an Vitaminen und Mineralstoffen als Weizen. Auf S. 146 können Sie mehr zu dieser Weizenart lesen.

■ Emmer über Nacht in Wasser einweichen. Dann waschen und in leicht gesalzenem Wasser ca. 1 Stunde kochen. Abgießen und in einer großen Schüssel beiseitestellen.

■ Rucola waschen, abtropfen lassen und einige Blätter beiseitelegen. Den Rest grob schneiden.

■ Salami und Pecorino klein würfeln. Wenn der Emmer abgekühlt ist, Salami und Pecorino hinzufügen und mit Olivenöl, Salz, Pfeffer und Balsamicoessig gut vermengen.

vegetarisch

Pappa al pomodoro

Tomaten-Brot-Suppe

FÜR 4–6 PERSONEN

800 g reife San-Marzano-Tomaten oder gerippte Fleischtomaten
4 Brotscheiben italienisches Landbrot (insgesamt ca. 250 g), 2–3 Tage alt
1 großer Bund Basilikum
2 Stangen Staudensellerie
3 kleine Zwiebeln
1 Knoblauchzehe
300 ml Gemüsebrühe (siehe S. 22)
frisch geriebener Parmesan oder Grana Padano zum Servieren
Salz, frisch gemahlener Pfeffer
Olivenöl

Die Bezeichnung *pappa* (Brei), die eigentlich für Babynahrung verwendet wird, mag nicht besonders einladend klingen. Aber kaum ein anderes Gericht kann das volle Aroma von an der Sonne gereiften Tomaten so zur Geltung bringen wie diese cremige Suppe. Allerdings gilt hier mehr denn je: Die Pappa kann nur so gut schmecken wie die Zutaten, die verwendet werden. Mit wässrigen, unreifen Tomaten oder zu weichem Brot sind die Ergebnisse enttäuschend – und das Gericht wird zu dem, was es nicht sein soll: Brei.

■ Die Tomaten zuerst mit einem Messer an der unteren Seite kreuzweise einritzen, 20 bis 30 Sekunden – abhängig von der Reife – in heißes Wasser tauchen, dann mit kaltem Wasser abschrecken. Jetzt die Haut mit dem Messer abziehen. Anschließend die Tomaten vierteln.

■ Das Brot in einer Schüssel kurz in Wasser einweichen. Die Hälfte des Basilikums grob hacken.

■ Sellerie, Zwiebeln und Knoblauch schälen, in feine Würfel schneiden und in einer Pfanne in 3 EL Olivenöl bei mittlerer Hitze anschwitzen.

■ Die Tomatenviertel untermischen, salzen und für ca. 20 Minuten bei geringer Hitze zugedeckt köcheln lassen.

■ Das Brot mit den Händen gut ausdrücken, zerpflücken und in die Suppe geben. Mit Salz und Pfeffer abschmecken und weitere 10 Minuten köcheln lassen. Dabei immer wieder umrühren, damit alle Zutaten sich gut miteinander verbinden und die Suppe cremig wird. Bei Bedarf noch etwas Gemüsebrühe (ersatzweise heißes Wasser) dazugeben, damit die Suppe nicht zu dick wird, eventuell nochmals mit Salz abschmecken.

■ Kurz vor dem Servieren das gehackte Basilikum untermischen.

■ Den Herd ausschalten und die Suppe einige Minuten durchziehen lassen. In tiefen Tellern mit dem restlichen Basilikum, Parmesan und einem *filo d'olio* anrichten und leicht abgekühlt servieren.

Salvatore sagt:
Die Pappa al pomodoro schmeckt auch mit Ricotta köstlich: Dafür 1 EL frischen Ricotta-Käse auf die Teller legen und die Suppe darüber gießen. Der geschmolzene Ricotta verleiht ihr eine zusätzliche delikate Note.

vegetarisch

Minestrone

Gemüsesuppe

FÜR 4–6 PERSONEN

150 g getrocknete Borlotti-Bohnen
2 Karotten
2 Stangen Staudensellerie
2 Kartoffeln
1 große rote Zwiebel
200 g Mangold
200 g Prinzessbohnen
2 Zucchini
2 große Fleischtomaten
1 Bund frisches Basilikum
frisch geriebener Parmesan oder Grana Padano zum Servieren
Salz, frisch gemahlener Pfeffer
Olivenöl

Sommer kann man auch in einem Gemüseeintopf einfangen – die Minestrone beweist es jedes Mal aufs Neue. Wer auf dem Land lebt, kennt das Glück, alle Gemüsesorten, die seine Vielseitigkeit ausmachen, immer einfach zu bekommen, häufig sogar aus dem eigenen Garten. In der Stadt muss man manchmal flexibler sein – flexibel wie die Minestrone! Denn auch ihre Grundregel lautet: Mit den saisonalen Zutaten, die Sie bekommen können, sind Sie immer bestens bedient.

■ Die Borlotti-Bohnen über Nacht einweichen, dann ca. 1 Stunde in frischem, gesalzenem Wasser zum Kochen bringen.

■ Karotten, Sellerie und Kartoffeln schälen und in 1 cm dicke Würfel schneiden. Zwiebel schälen und fein hacken. Alle anderen Gemüsesorten waschen. Mangoldblätter in grobe Streifen schneiden. Die Spitzen der Prinzessbohnen entfernen und die Bohnen dritteln. Tomaten und Zucchini halbieren und in 1 cm dicke Würfel schneiden. Basilikum waschen ud trocken schütteln.

■ In einem großen Topf Karotten, Sellerie und Zwiebel bei geringer Hitze in 3 EL Olivenöl anschwitzen. Nach und nach Prinzessbohnen, Kartoffeln, Zucchini, Tomaten, Basilikum und Mangold dazugeben, kurz dünsten lassen, dann alles mit Wasser bedecken und salzen. Bei mittlerer Hitze ca. 30 Minuten mit halb aufgelegtem Deckel köcheln lassen.

■ Zum Schluss die gekochten Borlotti-Bohnen dazugeben und weitere 10 Minuten garen. Mit Salz und Pfeffer abschmecken und mit einem *filo d'olio* und Parmesan servieren.

Doriana sagt:
Ich nehme gerne auch einen guten Suppenknochen vom Kalb dazu, die Brühe schmeckt dann würziger. Einfach mit dem Gemüse kurz anbraten. Wenn Sie auf dem Markt frische Erbsen oder Dicke Bohnen finden, können Sie auch diese untermischen (150 g). Und reichen Sie zur Minestrone eine einfache Bruschetta mit Knoblauch und Olivenöl: Ihre Gäste werden dankbar sein!

L'orto d'estate
Der Nutzgarten im Sommer

Ein volkstümliches Sprichwort sagt: *L'orto è la pizzicheria di casa* – Der Gemüsegarten ist der Tante-Emma-Laden des Hauses. Im Sommer, wenn der Nutzgarten täglich Gemüse und Obst aller Art hervorbringt, ist das zweifellos der Fall. Wer in Italien auf dem Land lebt, kennt das Glück, sich in den wärmeren Monaten selbstgenügsam ernähren zu können.
Doriana und Salvatore leben im Sommer praktisch auch im Gemüsegarten, denn täglich muss gewässert und geerntet werden – früh am Morgen oder abends. Bei Doriana landet alles direkt in der Küche des Restaurants und wird sofort verbraucht oder für den Wintervorrat verarbeitet – wie zum Beispiel die Zwiebelkonfitüre (siehe S. 139). Schließlich gehört es sich so für einen Agriturismo. Aber auch Salvatore macht immer Station im Gemüsegarten, bevor er sich dem Kochen widmet. Gerichte mit Gemüse aus eigenem Anbau – davon können manche Chefkochs nur träumen.
Diese Fülle an Gemüsesorten inspiriert die Landküche zu den verschiedensten Zubereitungen und lässt sie in vegetarischen, gar veganen Richtungen kreativ werden, wie wir sie in diesem Kapitel zeigen.

Die Düfte der italienischen Küche

Auch für die meisten Kräuter ist jetzt die beste Zeit. Ohne diese *erbe aromatiche* wären viele Gerichte nur ein Schatten ihrer selbst: Versuchen Sie doch mal eine Pasta e ceci (siehe S. 106) ohne Rosmarin, oder den Gänsebraten (siehe S. 74) ohne sein Bouquet garni! Eine Basisausstattung an Kräutern gehört in jeden Haushalt. Dabei ist Frische unabdingbar. Kräuter lassen sich aber auch gut einfrieren (wie Basilikum und Petersilie) oder trocknen (wie Rosmarin, Salbei, Lorbeer, Majoran und Oregano). Im ersten Fall werden die intakten Blätter nach dem Waschen und Trocknen im Frischhaltebeutel ins Gefrierfach gelegt. Für die Trocknung müssen die Kräuter gebündelt und aufgehängt werden, zum Beispiel auf einem gut durchlüfteten Dachboden.
Jede Zubereitung verlangt ihre Kräuter. Dabei ist die italienische Küche sehr genau und bleibt in der Regel nah an der Tradition, so wie in den folgenden Kombinationen:

Geflügel aus dem Ofen: Rosmarin, Salbei, Wildfenchel | *Tomaten & Tomatensoße*: Basilikum, Thymian, Oregano | *Fisch*: Rosmarin, Lorbeer, Wildfenchel, glatte Petersilie | *Mit Butter* (z. B. Gnocchi, Ravioli, Geflügel): Salbei *Schmorbraten & Ragouts*: Lorbeer, Salbei, Rosmarin, Wacholder | *Gemüse* (z. B. Pilze, Auberginen, Zucchini): glatte Petersilie | *Hülsenfrüchte*: Rosmarin, Salbei, Lorbeer

Pinzimonio

Dies ist vielleicht das geselligste Gericht der gesamten italienischen Küche: Man sitzt um eine Schale Vinaigrette aus Olivenöl, Salz und Pfeffer und tunkt Streifen von rohem Gemüse ein. Fenchel, Sellerie, Karotten, Paprika, Radieschen, Gurken – alles, was gerade aus dem Gemüsegarten kommt, darf die Ehe mit der Soße eingehen: Laut Legende stammt das Wort *pinzimonio* aus der Zusammensetzung von *pinzare* (klemmen) – man „klemmt" ja das Gemüse zwischen die Finger – und *matrimonio* (Heirat). Aber auch Schiacciata-Streifen (siehe S. 173) sind zugelassen. Das Pendant dazu für die kälteren Monate ist die würzige Bagna Cauda (siehe S. 142) aus dem Piemont, die warm serviert wird und an ein Fondue erinnert.

Limoncello

ZUTATEN FÜR 1,5 L

10 mittelgroße, intakte Bio-Zitronen mit dicker Schale | 1 l 90-%iger Alkohol | 600 g Zucker | 800 ml stilles Wasser

Allein der Anblick der beschlagenen Likörflasche versetzt schon ins „Land, wo die Zitronen blühen“. Mit einem Schluck duftenden Limoncello rückt der Süden ein Stückchen näher. Diese Fähigkeit verdankt der Originallikör sicherlich auch den ätherischen Ölen, die die beiden Sorten Limone Costa d'Amalfi und Limone di Sorrento in ihrer Schale reichlich aufweisen. Die Früchte werden in wunderschönen, terrassenartigen *giardini di limoni* (Zitronengärten) kultiviert und vor der starken Sonne durch die legendären *pagliarelle* geschützt, einfache Bedachungen aus Stroh. Die besten Früchte werden zwischen März und Juli geerntet. Versuchen Sie sich doch an einem hausgemachten Limoncello: Wie Dorianas Rezept zeigt, ist die Zubereitung recht einfach. Entscheidend für das Ergebnis ist die Qualität der Früchte.

Die Zitronen heiß waschen, trocknen und mit einem scharfen Messer oder Sparschäler so dünn schälen, dass die weiße Haut ganz auf der Frucht bleibt. Die Schale in grobe Streifen schneiden und mit dem Alkohol in ein fest verschließbares Glas geben. 10 Tage an einem dunklen Ort ziehen lassen. Dann einen Sirup aus Zucker und Wasser zubereiten. Hierfür beide Zutaten in einem Topf erhitzen und ca. 10 Minuten kochen, bis sich der Zucker vollständig aufgelöst hat. Danach abkühlen lassen und zum Alkohol geben. Dabei die Zitronenzesten aus dem Gefäß entfernen. Anschließend mindestens 10 Tage ruhen lassen, in eine Flasche umfüllen und im Gefrierfach aufbewahren.

Zucchine aromatiche
Zucchini mit Kräutern

FÜR 4 PERSONEN

800 g helle Zucchini | 1 Bund Basilikum, 1 Zweig Bergminze oder einige Salbeiblätter | 1 Knoblauchzehe | 4 EL Olivenöl | Salz

Dies ist eine klassische Beilage der Sommerküche. Die frische Note dieses Gemüses lässt sich wunderbar mit diversen Kräutern verbinden, einzeln oder gemischt.

Zucchini einmal quer und einmal längs halbieren und etwas Fleisch herausschneiden.In einem Topf mit kochendem Salzwasser kurz blanchieren, abtropfen lassen und jedes Stück in 2 bis 3 Teile schneiden. Anschließend mit dem Knoblauch und den gewählten Kräutern in einer Pfanne bei mittlerer Hitze in Olivenöl anbraten. Lauwarm mit reichlich Brot servieren.

vegetarisch

Insalata di pasta fredda

Kalter Nudelsalat

FÜR 4 PERSONEN

400 g Pasta corta (z. B. Penne, Rigatoni, Farfalle)
2 Kugeln Mozzarella (je 125 g)
150 g Kirschtomaten oder San-Marzano-Tomaten
4 EL kleine schwarze entsteinte Oliven
1 TL getrockneter Oregano
Salz, frisch gemahlener Pfeffer
Olivenöl
Basilikumblätter zum Garnieren

Im Hochsommer stellen kalte Pastagerichte hervorragende Alternativen zu ihren warmen Pendants dar. Auch eignen sie sich perfekt für ein selbst veranstaltetes Aperitivo-Buffet an warmen Sommerabenden.

■ Für die Pasta Wasser in einem großen Topf zum Kochen bringen und salzen. Die Pasta darin *al dente* garen, abgießen und anschließend mit etwas Olivenöl vermischen und beiseitestellen.

■ Mozzarella und Tomaten würfeln, Oliven klein schneiden. In eine Schüssel geben, den Oregano hinzufügen und mit reichlich Öl begießen. Die abgekühlte Pasta untermischen und mit Salz und Pfeffer abschmecken. Im Kühlschrank für ca. 1 Stunde durchziehen lassen und vor dem Servieren mit Basilikum garnieren.

Salvatore sagt:
Wenn Sie es scharf mögen, können Sie klein gehackte Chilischoten dazugeben.

vegetarisch

Tagliolini al pesto di rucola

Tagliolini mit Rucola-Pesto

FÜR 4 PERSONEN

400 g frische Tagliolini (siehe S. 116) oder getrocknete dünne Bandnudeln
100 g Rucola
20 g Pinienkerne
100 g Parmesan oder Grana Padano
150 ml Olivenöl
1/2 Knoblauchzehe oder mehr, nach Gusto

Salvatore sagt:
Das Pesto nicht zu lange erwärmen, da es sonst an Aroma verliert! In Ligurien isst man traditionell Trofie damit.

Die Aromen mancher Gerichte können höchst inspirierend sein – kein Wunder, dass beim Kochen die Küche von Salvatores Gesang widerhallt! Der würzige Duft eines klassischen ligurischen Pestos verbreitet umgehend die positive Stimmung, die es braucht, um eine kleine *cantata* zu improvisieren. Wer einmal die Zutaten selbst zerrieben hat, versteht, wie sehr es sich lohnt, das Pesto jedes Mal frisch zuzubereiten. Um den Vorrat aufzustocken, können Sie größere Mengen herstellen und sie anschließend portioniert einfrieren. Dabei führen viele Wege zu einem schmackhaften Pesto: Ob mit Basilikum oder Rucola, Nüssen oder Mandeln statt Pinienkernen, dies bleibt ganz Ihnen überlassen.

■ Für die Pasta Wasser in einem großen Topf zum Kochen bringen und salzen. Alle Zutaten für das Pesto in einen Mixer geben und bei mittlerer Geschwindigkeit zu einer cremigen Paste pürieren. Dabei immer wieder probieren und bei Bedarf Salz und Öl hinzufügen. Das Pesto anschließend in eine große Pfanne geben.

■ Die Tagliolini kochen. Wenn die Nudeln an die Wasseroberfläche kommen, sind sie gar und können abgetropft in die Pfanne gegeben werden. Die Tagliolini mit dem Pesto nun bei mittlerer Hitze kurz vermischen. Wenn alles zu trocken ist, einige Löffel Nudelwasser hinzufügen. Auf Teller verteilen und mit frisch geriebenem Parmesan bestreuen.

vegetarisch

Strangozzi con pomodorini

Strangozzi mit Kirschtomaten

FÜR 4 PERSONEN

480 g Strangozzi (siehe S. 116)
1 Knoblauchzehe
400 g Kirschtomaten
2 Chilischoten
8 Basilikumblätter
mittelalter Pecorino oder Ricotta Salata zum Servieren
Salz, frisch gemahlener Pfeffer
Olivenöl

Doriana sagt:
Auf diese Weise können Sie auch Pici, Trofie, Orecchiette und Spaghetti zubereiten.

Diese Art der Teigherstellung ohne Eier war früher Alltag: In Zeiten, als *pasta secca* zu teuer war und die Eierproduktion auch noch von der Jahreszeit abhing, bot diese *pasta fatta in casa* die beste und kostengünstigste Möglichkeit, die Tradition des täglichen Nudelgerichts aufrecht zu erhalten. Der cremige und süßliche Tomaten-Sugo ist wie für diese etwas bissfesteren Nudeln geschaffen.

■ Für die Pasta Wasser in einem Topf zum Kochen bringen und salzen.

■ Die Tomaten waschen und in je sechs Stücke schneiden. Basilikumblätter waschen und fein hacken.

■ Den Knoblauch schälen, zerdrücken und in einer Pfanne mit den Chilischoten in 3 EL Olivenöl anbraten. Sobald der Knoblauch Farbe annimmt, Tomaten dazugeben, salzen und bei starker Hitze anbraten, bis sie weich sind.

■ Inzwischen die Strangozzi kochen. Im Anschluss in die Pfanne zu den Tomaten geben und bei starker Hitze gut vermischen. Die Hälfte der Basilikumblätter kurz vor dem Servieren in die Pfanne geben. Mit Salz und Pfeffer abschmecken und eventuell noch etwas Olivenöl darüberträufeln. Mit geriebenem Pecorino und dem restlichen Basilikum servieren.

vegetarisch

Pasta alla Norma

Pasta mit Auberginen-Tomaten-Soße

FÜR 4 PERSONEN

400 g Spaghetti oder Rigatoni
2 große Auberginen
400 g einfache Tomatensoße
1 Bund Basilikum Sonnenblumenöl zum Frittieren
Ricotta Salata zum Reiben (alternativ Pecorino, Parmesan oder frischen Ricotta verwenden)
Salz
Olivenöl

Salvatore sagt:
Die Auberginen verlieren durch das Salzen nicht nur Wasser und Bitterstoffe, beim Ausbacken werden sie auch außen knusprig und innen weich.

Es ist immer ein Erlebnis, wenn man die erste Gabel mit Pasta alla Norma kostet, so überraschend cremig ist dieser *sugo*. Salvatores Rezept ist eine Hommage an die sizilianischen Ursprünge des Gerichts, denn dort, wo es erfunden wurde, werden die Auberginen richtig frittiert, was er auch tut. In Catania, der Heimatstadt des Komponisten Bellini, soll dieses Gericht einmal so sehr für Furore gesorgt haben, dass es mit der Vollkommenheit der Oper „Norma" verglichen wurde, daher sein Name. Für eine fettärmere Variante braten Sie das Gemüse in weniger Öl an.

■ Die Auberginen waschen, in Würfel schneiden, salzen und für ca. 1 Stunde in einem Sieb ziehen lassen. Die Tomatensoße wie angegeben zubereiten. Das Sonnenblumenöl in einer Pfanne erhitzen und die Auberginenwürfel portionsweise darin frittieren. Auf Küchenpapier abtropfen lassen und anschließend in die Tomatensoße geben. Bei geringer Hitze köcheln lassen. Bei Bedarf mit Salz würzen.

■ Für die Pasta Wasser in einem Topf zum Kochen bringen und salzen. Die Pasta *al dente* garen, dann zur Auberginen-Tomaten-Soße geben und gut vermischen. Etwas geraspelten Ricotta Salata darüberstreuen, damit die Soße cremiger wird. Anrichten und mit frisch geriebenem Ricotta und Basilikum-Blättern servieren.

Tagliata alla rucola

Rindersteak auf Rucolasalat

Für 4 Personen

1 großes Steak (T-Bone oder Porterhouse, ca. 800 g, mit Knochen, ca. 4 cm dick) oder 4 kleinere Steaks
200 g Rucolasalat
1 EL Balsamicoessig
Meersalz, gestoßener Pfeffer
Olivenöl

Rindersteak ist immer etwas Besonderes, vor allem wenn es sich um das Fleisch der Chianina-Rinder aus der Toskana handelt. Denn es gibt Fleischsorten, die so zubereitet werden müssen, dass ihrem ursprünglichen Aroma die volle Aufmerksamkeit zukommt, die es verdient. Ein *filo d'olio*, Salz und Pfeffer und höchstens ein bisschen Rucola als kleiner Kontrast wie hier – das ist alles, was ein stolzes Steak braucht.

■ Rucola waschen und Stiele abschneiden. Eine Grillpfanne mit Rillen mit etwas Olivenöl bestreichen und erhitzen oder einen Grill anheizen. Sobald die Pfanne oder der Grillrost richtig heiß sind, das Fleisch hineinlegen und 3 bis 4 Minuten von jeder Seite scharf anbraten. Kleinere Steaks nur 2 bis 3 Minuten pro Seite garen.

■ In einer Schüssel die Rucolablätter salzen, mit Balsamico und Olivenöl beträufeln und gut vermengen. Den Rucola auf vier Tellern anrichten, dabei einige Blätter beiseitestellen.

■ Das große Steak in 1 cm dicke Tranchen schneiden und auf dem Salat verteilen. Mit grobem Meersalz und gestoßenem schwarzen Pfeffer würzen. Die kleineren Steaks im Ganzen auf die Teller legen. Die restlichen Rucolablätter darauf streuen und nochmals mit etwas Olivenöl beträufeln.

Saltimbocca alla romana

FÜR 4 PERSONEN

8 dünn geschnittene Kalbsschnitzel
8 Blätter frischer Salbei
8 Scheiben roher, luftgetrockneter italienischer Schinken, hauchdünn geschnitten
75 g Butter
100 ml trockener Weißwein
Salz, frisch gemahlener Pfeffer

1962 wurde dieses Rezept von einer Gruppe von Köchen offiziell als traditionell abgesegnet und dessen Zubereitung festgelegt. Diese Ehre war keinem anderen *secondo piatto* bislang zuteil geworden. Ihre Popularität verdankt die Saltimbocca allerdings nicht diesem eher bürokratischen Akt: Allein die Aromen, die aus dem Miteinander von *salvia* und *prosciutto* im Verbund mit der süß-säuerlichen Weinsoße entstehen, sind Grund dafür, dass dieses Gericht, wie sein Name sagt, buchstäblich „in den Mund springt".

■ Die Schnitzel mit einem Plattiereisen sanft klopfen, damit sie gleichmäßig dünn sind, dann salzen und pfeffern. Jeweils eine Scheibe Schinken und ein Blatt Salbei darauf legen und mit einem Zahnstocher an zwei Stellen feststecken. Den Backofen auf 120 °C vorheizen.

■ In einer Pfanne 50 g Butter erhitzen und die Schnitzel darin auf beiden Seiten goldgelb anbraten. Mit einem Schaumlöffel aus der Pfanne nehmen und auf Küchenpapier abtropfen lassen. Im Backofen zugedeckt warmstellen. Den Bratensatz in der Pfanne mit dem Wein ablöschen und für kurze Zeit bei starker Hitze aufkochen. Die restliche Butter dazugeben und umrühren. Die Soße nun beiseitestellen, Schnitzel nochmals in die Pfanne legen und heiß werden lassen. Auf Tellern anrichten und mit der Soße beträufeln.

Oca arrosto *Gänsebraten*

FÜR 6–8 PERSONEN

1 Gans (ca. 3 kg), küchenfertig
1 Zweig frischer Rosmarin
2 Lorbeerblätter
2 Knoblauchzehen
200 g Schmalz oder Pancetta (luftgetrockneter Bauchspeck)
150 ml Weißwein
Saft von 1/2 Zitrone
Salz, frisch gemahlener Pfeffer

Doriana sagt:
Mit einem battuto *(von battere, klopfen, schlagen), also mit einer Paste aus Knoblauch, Kräutern und Fett können Sie alle Arten von* arrosti *zubereiten. Anstelle von Schmalz können Sie auch Olivenöl verwenden.*

Während in Norditalien die Gans zu den Wintergerichten gehört, brät Doriana sie vor allem für sommerliche *pranzi della domenica*, Sonntagsessen. Traditionell war die Gans in ländlichen Gegenden Mittelitaliens die Krönung der *battitura*, der Getreideernte.

■ Am Vortag die Gans innen und außen waschen und abtrocknen. Keulen und Flügel jeweils an zwei Stellen sowie die Brust mehrmals einschneiden. Die Gans innen und außen salzen und beiseitestellen.

■ Knoblauch schälen, mit den Kräutern fein hacken und mit Schmalz oder fein gehackter Pancetta gut vermischen. Mit Salz und Pfeffer würzen und Wein und Zitronensaft dazu gießen. Die Gans innen und außen mit der Kräuter-Knoblauch-Mischung einreiben und die Schnittstellen füllen. Im Kühlschrank für 24 Stunden marinieren.

■ Am nächsten Tag den Backofen auf 150 °C vorheizen, die Gans in einen Bräter legen und auf einem Gitterrost in den Ofen schieben. Die Temperatur schrittweise bis auf 200 °C erhöhen. Die Gans vier- bis fünfmal wenden und jedes Mal mit dem Bratensaft begießen. Wenn der Gänsebraten anfängt, eine Kruste zu bilden, Temperatur auf 180 °C reduzieren. Dann garen, bis die Kruste goldbraun ist. Vor dem Zerteilen etwas ruhen lassen.

Grigliata mista *Gemischtes Grillfleisch*

FÜR 4 PERSONEN

4 Schweinekoteletts
4 Lammkoteletts
4 Salsiccia-Würste (Brätherstellung siehe S. 36)
4 Hähnchenkeulen
2 Zweige frischer Rosmarin
Salz, frisch gemahlener Pfeffer
Saft von 2 Zitronen
3 EL Rotweinessig

Doriana sagt:
Für eine normale Portion rechne ich etwa 300 g.

Grillfleisch ist in Italien immer etwas Besonderes. Typischerweise grillt man im häufig selbst gebauten *forno* (Ofen) im Garten oder im Winter direkt im Kamin, der zu jedem Haus auf dem Land gehört. Salvatore verwendet besondere Holzsorten wie z. B. Wacholder, Olive, Eiche oder Myrte, die dem Fleisch ein raffinierteres Aroma verleihen.

■ Selbst gemachtes Salsicciabrät möglichst am Vortag wie angegeben zubereiten. Die Hähnchenkeulen an 3 bis 4 Stellen einschneiden. Alle Fleischstücke (bis auf die Würste) in eine breite Schüssel legen und mit Rosmarin, Salz und Pfeffer einreiben. Zitronensaft und Essig vermischen, dann auf das Fleisch gießen. Das Fleisch in der Flüssigkeit einige Male wenden und anschließend einige Stunden im Kühlschrank marinieren lassen.

■ Das Fleisch etwa 30 Minuten vor dem Grillen aus dem Kühlschrank nehmen. Grill anheizen. Die Fleischstücke nun so lange auf jeder Seite garen, bis sie sich von allein vom Rost lösen.

Tonno al naturale

Thunfisch „Natur“

FÜR 4 PERSONEN

750 g Thunfischfilet
1 Zwiebel
1 Karotte
1 Stange Staudensellerie
1 Lorbeerblatt
2 Knoblauchzehen
1 Bund glatte Petersilie
6 schwarze Pfefferkörner
Salz, frisch gemahlener Pfeffer
Olivenöl

In Sizilien begegnet man vielen *tonnara* entlang der Küste – Plätze, die früher für den Fang des Thunfischs vorgesehen waren. Die dramatischen Szenen der *mattanza*, der traditionellen Fangmethode, die einst dort praktiziert wurde, kennt man heute noch aus alten Filmen. Dieses Rezept bringt die aromatischen Qualitäten dieses Fisches besonders unverfälscht zur Geltung.

■ Das Thunfischfilet waschen und trocken tupfen. Zwiebel schälen und halbieren. Karotte und Sellerie schälen und in einen großen Topf mit ca. 3 l Wasser legen. Zwiebel, Lorbeerblatt, Knoblauch, die Hälfte der Petersilie und Pfefferkörner dazugeben und bei mittlerer Hitze 30 Minuten köcheln lassen. Alle Zutaten mit einem Schaumlöffel aus der Brühe entfernen und den Thunfisch hineingeben. Ca. 45 Minuten sieden lassen, bis der Fisch weich ist. Aus der Brühe nehmen und abkühlen lassen.

■ Die restliche Petersilie fein hacken. Den abgekühlten Fisch in 1 bis 2 cm dicke Scheiben schneiden, mit der gehackten Petersilie bestreuen, salzen und pfeffern und mit einem *filo d'olio* beträufeln.

Pesce spada al forno con patate

Schwertfisch aus dem Ofen mit Kartoffeln

FÜR 4 PERSONEN

4 Scheiben Schwertfisch
(ca. 1 cm dick)
4 große festkochende Kartoffeln
1 Bund glatte Petersilie
1 Knoblauchzehe
50 g frisch geriebener Pecorino
Romano
Salz, frisch gemahlener Pfeffer
Olivenöl

So eindrucksvoll der Schwertfisch in der Natur, so unvergesslich ist es, ihn in diesem simplen Ofengericht zu genießen, das sein Aroma und sein festes Fleisch herrlich inszeniert. Die Kartoffeln sorgen dafür, dass nichts von seinem Geschmack verloren geht – und das gemeinsame Garen spart Geschirr.

■ Den Backofen auf 200 °C vorheizen. Kartoffeln schälen und in 5 mm dicke Scheiben schneiden. Knoblauch schälen und mit der Petersilie fein hacken.

■ Eine Auflaufform mit Öl einfetten und etwa 2/3 der Kartoffelscheiben hineinlegen, salzen und pfeffern. Erst ca. 35 g Pecorino, dann die Petersilie-Knoblauch-Mischung darauf streuen. Die Schwertfischsteaks salzen, darauf legen, mit den restlichen Kartoffelscheiben belegen und nochmals mit Pecorino bestreuen. Die Auflaufform in den Ofen schieben und 40 Minuten garen.

Insalata di polpo piccante

Pikanter Oktopussalat

FÜR 6–8 PERSONEN

1 Oktopus (ca. 1,5–2 kg), küchenfertig
1 Stange Staudensellerie
1 frische Chilischote
2 EL getrockneter Oregano
Salz, frisch gemahlener Pfeffer
Olivenöl

Es gibt Gerichte, deren bloßer Name Eindrücke des Urlaubs wie Gerüche und starke Bilder wachruft. Wer je gesehen hat, wie große Tintenfische auf den Steinen am Meer ausgeklopft werden, wird dies gewiss nie vergessen. Mittlerweile ist umstritten, ob dieses gewaltsame Verfahren wirklich notwendig ist, um das eher zähe Fleisch des Oktopus weicher zu machen – Einfrieren scheint auch eine gute Methode zu sein.

■ Den Oktopus waschen und trocken tupfen. In einem großen Topf Wasser zum Kochen bringen, nicht salzen. Den Oktopus dazugeben und für ca. 45 Minuten bei mittlerer Hitze sanft köcheln, bis er weich ist. Mit der Spitze eines Messers testen, ob das der Fall ist. Anschließend aus dem Topf nehmen und abkühlen lassen. Die violette Haut entfernen, wobei die Saugnäpfe unversehrt bleiben sollen.

■ Sellerie waschen, schälen und klein schneiden. Chilischote fein hacken. Oktopus in mundgerechte Stücke schneiden, mit Salz und Pfeffer abschmecken und Gemüse dazugeben. Mit reichlich Olivenöl beträufeln, mit dem Oregano würzen und gut vermengen. Vor dem Servieren kalt stellen, am besten über Nacht im Kühlschrank durchziehen lassen.

Salvatore sagt:
Dieser Salat macht sich auch als Vorspeise gut.

vegan

Pomodori & cipolle al forno

Tomaten & Zwiebeln aus dem Ofen

Für 4 Personen

2 große, weiße Zwiebeln
2 große, reife Rispentomaten
3 Brotscheiben vom Vortag
1 Knoblauchzehe
1 Zweig frischer Majoran
Salz, frisch gemahlener Pfeffer
Olivenöl

■ Den Backofen auf 170 °C vorheizen. Die Zwiebeln schälen und in kochendem Salzwasser ca. 15 Minuten vorgaren. Abkühlen lassen und quer halbieren. Die Tomaten waschen, halbieren und entkernen. Die Kerne mit dem Saft auffangen und beiseitestellen. Die Brotscheiben in einer Schüssel mit Wasser kurz einweichen.

■ Knoblauch schälen und mit dem Majoran fein hacken, in eine Schüssel geben und mit Salz und Pfeffer würzen. Die Brotscheiben gut mit den Händen auspressen, fein zerpflücken und zur Knoblauch-Majoran-Mischung geben. Tomatenkerne und -saft untermischen und Olivenöl darüber träufeln.

■ Tomaten und Zwiebeln in einer eingefetteten Auflaufform nebeneinander legen, salzen und mit der Brotmischung füllen. Reichlich Olivenöl darauf gießen und im Backofen etwa 30 Minuten garen, bis das Brot eine goldbraune Kruste gebildet hat.

Zucchine & peperoni al forno

Zucchini & Paprika mit Fleischfüllung

Für 4 Personen

1 rote Paprikaschote
1 gelbe Paprikaschote
2 Zucchini
500 g Rinderhackfleisch
1 Knoblauchzehe
1 Bund glatte Petersilie
1 Ei
20 g geriebener Parmesan oder Grana Padano
Salz, frisch gemahlener Pfeffer
Olivenöl

■ Den Backofen auf 180 °C vorheizen. Das Gemüse längs halbieren. Die Paprikaschoten entkernen und die Zucchini mit einem Esslöffel aushöhlen. Die Petersilie fein hacken. Knoblauch schälen und hacken.

■ Das Fleisch in einer Pfanne mit Öl und Knoblauch anbraten, mit Salz, Pfeffer und Petersilie würzen und solange garen, bis es Farbe angenommen hat. Vom Herd nehmen und abkühlen lassen. Das Ei und den Parmesan zum Fleisch geben und alles zu einer glatten Mischung vermengen.

■ In einer eingefetteten Auflaufform Paprika und Zucchini verteilen, mit Salz und etwas Öl würzen und mit der Fleischmischung füllen. Im Backofen ca. 30 Minuten garen, bis das Fleisch eine leichte Kruste gebildet hat.

Doriana sagt:
Wenn Sie eine vegane Mahlzeit möchten, können Sie die Zucchini und Paprika mit der Brotmischung des oberen Rezeptes füllen (siehe oben).

vegan

Ciambotta

Sommergemüsetopf

Für 4 Personen

3 mittelgroße Auberginen
3 mittelgroße Kartoffeln
1 rote Paprikaschote
1 gelbe Paprikaschote
2 große Rispen- oder Eiertomaten
1 Zwiebel
1 Knoblauchzehe
Salz, frisch gemahlener Pfeffer
Olivenöl

Ciambotta gibt es viele. Jede Region in Süditalien scheint eine eigene Variante zu beanspruchen. Denn die Idee ist ganz simpel: Man nimmt einfach ein bisschen von allem, was der Gemüsegarten gerade anbietet, und schmort es zusammen.

■ Auberginen in 1 cm dicke Scheiben schneiden, salzen und mindestens 1 Stunde in einem Sieb ziehen lassen. Kartoffeln schälen und in 2 cm große Würfel schneiden. Paprikaschoten halbieren, Kerne und weiße Teile entfernen und die Fruchtwände in Streifen schneiden. Tomaten in grobe Stücke schneiden. Zwiebel und Knoblauch schälen und fein würfeln.

■ In einer großen Pfanne Knoblauch und Zwiebeln in 4 EL Olivenöl bei mittlerer Hitze anschwitzen. Zunächst die Kartoffelwürfel anbraten, anschließend Auberginen, Paprika und zum Schluss die Tomatenstücke hinzufügen. Umrühren und mit Salz und Pfeffer würzen. Zugedeckt 15 Minuten bei geringer Hitze köcheln lassen. Bei Bedarf etwas Wasser dazugeben.

Salvatore sagt:
Die ciambotta *schmeckt auch kalt und kann wunderbar als Hauptgericht genossen werden. Wenn Sie eine gehaltvollere Mahlzeit servieren möchten, können Sie drei Eier kurz vor Ende der Garzeit untermischen und stocken lassen – so wird dieses Gericht vor allem in der Basilicata zubereitet.*

Fiori di zucchina fritti

Frittierte Zucchiniblüten

FÜR 4 PERSONEN

12 Zucchiniblüten
3 Kugeln Mozzarella (je 125 g)
4 Sardellenfilets
Sonnenblumenöl zum Frittieren
100 g Mehl
2 EL Olivenöl
100 ml Mineralwasser
Salz

Auch vor der Schönheit dieser orange-gelben Blüten macht Doriana keinen Halt: Nur kurz kann man sie in ihrer Küche bewundern, bevor sie gefüllt und in Teig gerollt werden. Doch später, wenn sie golden und knusprig auf dem Teller liegen, entdeckt man andere, ungeahnte Qualitäten – und der Köchin ist schnell verziehen.

■ Zucchiniblüten vorsichtig putzen, an einer Seite aufschneiden und die inneren Teile entfernen. Die Mozzarellakugeln jeweils vierteln und anschließend fein hacken. Die Sardellenfilets ebenfalls fein hacken und mit dem Käse gut vermischen. Die Zucchiniblüten damit befüllen und zusammenrollen. Das Sonnenblumenöl in einer großen Pfanne erhitzen.

■ Mehl, Olivenöl, Salz und Mineralwasser zu einem glatten, schaumigen Teig verrühren. Die Zucchiniblüten im Teig wenden, bis sie ganz davon bedeckt sind. Wenn das Öl die richtige Temperatur erreicht hat, die Zucchiniblüten in kleinen Mengen darin goldgelb ausbacken. Mit einem Schaumlöffel aus der Pfanne nehmen und auf Küchenpapier vor dem Servieren abtropfen lassen.

Doriana sagt:
Um die Frittiertemperatur zu checken, geben Sie ein bisschen Teig ins heiße Öl. Wenn das Öl sprudelt und der Teig an die Oberfläche kommt, ist die richtige Temperatur erreicht. Die Zucchiniblüten machen sich auch als Vorspeise gut.

Sugo di pomodoro veloce
Schneller Tomatensugo

FÜR 400 G PASTA

400 g einfache Tomatensoße (siehe rechts) oder 1 Dose stückige oder passierte Tomaten
1 Knoblauchzehe | 1 Bund Basilikum | Salz | Olivenöl

Knoblauch schälen und in 5 EL Olivenöl andünsten. Tomatensoße dazugeben, salzen und 15 Minuten bei niedriger Hitze zugedeckt köcheln lassen. Zum Schluss Basilikum hinzufügen und offen weiter köcheln lassen.

Sugo finto
Veganes Tomatenragout

Der einladende Duft dieser Soße lässt kaum ahnen, dass sie lediglich auf einem *trito*, einer Mischung feingehackten Gemüses (1 Zwiebel, 1 Karotte und 1 Stange Staudensellerie) basiert. Dieser muss dann mit 1 Knoblauchzehe in gutem Olivenöl angedünstet und mit der Tomatensoße gelöscht werden (für 4 Personen: 1 Dose stückige Tomaten oder 400 g einfache Tomatensoße, siehe rechts). Nach etwa 30 Minuten ist der *sugo* fertig. Nicht umsonst nennt man die Gemüsetriade im kulinarischen Jargon *odori*, Gerüche – ihr Aroma wirkt Wunder. Und nicht nur der Duft täuscht hier, auch das Aussehen des *sugo finto* (deutsch: vorgetäuscht, falsch), denn beides ist einer Bolognese-Soße zum Verwechseln ähnlich.

I pomodori – Tomaten

Wer eine sonnengereifte Tomate gekostet hat – einfach roh oder als *pane e pomodoro* auf einer Scheibe Landbrot und nur mit einem *filo d'olio* und einer Prise Salz – ist dem Geschmack des italienischen Sommers etwas näher gekommen. Dem der italienischen Küche aber auch, bedenkt man die Bedeutung dieser Frucht. Wie muss es wohl auf den Tafeln ausgesehen haben, bevor die Tomate die Küchen Neapels im 18. Jahrhundert eroberte? Kaum vorstellbar. Bei Pastagerichten und Pizza beispielsweise scheint allein die Tomate Farbe zu bringen: Denn ohne sie sind diese nur in *bianco* und *bianca* – einfach „weiß".

Eine Frucht, viele Möglichkeiten

Wenn man im Sommer auf dem Gemüsemarkt nach Tomaten sucht, ist die Auswahl überwältigend. Für jede Zubereitungsmethode gibt es ja geeignete Sorten, denn Tomaten lassen sich roh, gegart, getrocknet, eingelegt oder als Konserve zubereiten.

Für Salate bevorzugt man in Italien Sorten, die nicht sehr reif, sogar noch grün- und orangegestreift sind. Geschätzt werden die San Marzano und die gerippten Tomaten, die *costoluti*, aber es ist die fleischige Cuore di Bue, die Ochsenherztomate, die den ersten Platz einnimmt. Knackig, saftarm und im Geschmack intensiv, ist sie roh ideal.

Die kleinen, süßen *pomodorini*, etwa die Pachino Ciliegino oder die längliche Datterino, sind die Sorten der Wahl für Pastagerichte mit frischen Tomaten, bei denen die Früchte ihre Form nicht ganz verlieren und trotzdem eine Soße bilden sollen. Scharf angebraten und mit frischem Basilikum sind sie in einem Teller Strangozzi (siehe S. 116) ein Genuss. Auch köstlich sind sie roh auf einer Bruschetta al pomodoro (siehe S. 58) oder einer Pizza Caprese (siehe S. 88).

Für Tomatensoßen aus frischen Früchten werden hingegen fleischige Costoluti oder saftige Roma-Tomaten verwendet.

Als *salsa* oder *passata* sorgen vor allem die San-Marzano-Tomaten bei vielen Gerichten für Farbe. Mehr noch als die frischen Früchte ist die Konserve unabdingbar in der Küche, da sie die Basis unzähliger *sughi* und *ragù* bildet. Auf dem Land ist das Konservieren noch eine traditionelle Aktivität, für die sich die gesamte Familie im Spätsommer versammelt.

Passata di pomodoro semplice

Einfache Tomatensoße

Die Tomaten sorgfältig waschen, vierteln, Samen und Saft entfernen und in einen großen Topf geben. Zum Kochen bringen und 30 Minuten bei niedriger Hitze köcheln lassen. Je ein paar Basilikumblätter in die Gläser legen. Die Tomaten mit einem Pürierstab pürieren und in die sterilisierten, noch etwas warmen Einmachgläser füllen. Alles abkühlen lassen und die Gläser mit dem Deckel verschließen. Diese dann in einem mit Wasser befüllten großen Topf stellen, wieder zum Kochen bringen und 30 Minuten köcheln. Die Gläser im Wasser abkühlen lassen. Wenn der Metalldeckel in der Mitte nach innen eingezogen ist, ist alles richtig verlaufen. Falls nicht, verwenden Sie die Tomatensoße direkt. Dunkel gelagerte Tomatenkonserven halten sich einige Monate.

FÜR ETWA 3 TWIST-OFF-GLÄSER (SIEHE S. 136, JE 500 ML)

2 kg reife, intakte San-Marzano-Tomaten | 1 Bund Basilikum

Ragù di carne

Bolognese-Soße

Kaufen Sie beim Metzger das Fleisch am Stück und lassen Sie es dort durch den Fleischwolf drehen. Im Öl bei mittlerer Hitze krümelig braten, währenddessen die *odori*, das Gemüse, schälen, hacken und anschließend zum Fleisch geben. Mit Salz und Pfeffer würzen. Wenn das Gemüse weicher geworden ist, alles mit dem Wein ablöschen. Die Flüssigkeit soll fast vollständig einkochen, bevor Sie die Tomaten unterheben. Alles halb zugedeckt bei niedriger Hitze 1 Stunde köcheln lassen.

FÜR 1 KG SOSSE (FÜR CA. 8 PORTIONEN PASTA)

400 g frisch gehacktes Kalbfleisch und 200 g frisches Salsicciabrät (siehe S. 36) oder 600 g frisch gehacktes Rindfleisch (Hohe Rippe) | 4 EL Olivenöl | 2 Stangen Staudensellerie | 2 Karotten | 2 Zwiebeln 1 Knoblauchzehe | 400 g einfache Tomatensoße (siehe oben) oder 1 Dose passierte Tomaten | 125 ml Weißwein | Salz, Pfeffer

vegetarisch

Frittata di zucchine, cipolle & uvetta

Frittata mit Zucchini, Zwiebeln & Rosinen

Für 8 Personen

14 große Eier
2 Zucchini
2 Zwiebeln
50 g Rosinen
Salz
Olivenöl

Frittata ist für Salvatore das typische Gericht der *scampagnate*, der Ausflüge aufs Land. Oft wird sie schon am Abend zuvor zubereitet und dann kalt gestellt. In ihrer Mittagspause während der Feldarbeiten war der *panino con la frittata* ein Lieblingsessen der Bauern – und ist es immer noch. Aber auch Stadtbewohner kennen ihn gut: Nicht nur gehört ein *tramezzino con la frittata* (Sandwich mit Frittata) zum Snack-Menu in fast jeder *bar* in Italien; das italienische Omelett in all seinen Variationen findet man immer unter den zum *aperitivo* servierten Fingerfood-Häppchen.

■ Zucchini in 3 cm dicke Scheiben schneiden und anschließend halbieren. Zwiebeln in dünne Streifen schneiden. In einer beschichteten Pfanne mit hohen Rändern die Zwiebeln und die Zucchini salzen und in 3 EL Olivenöl bei geringer Hitze anbraten. Nach ca. 15 Minuten Rosinen dazugeben.

■ Die Eier in einer Schüssel mit einer Gabel verquirlen, salzen und über die Zucchini und Zwiebeln in der Pfanne gißen. Anschließend zugedeckt bei geringer Hitze ca. 10 Minuten garen. Danach die Konsistenz der Frittata alle 3 Minuten überprüfen, dabei die Ränder mit einem Pfannenwender vorsichtig von der Pfanne lösen.

■ Wenn die Eier gestockt sind, den Herd ausstellen, den Deckel auflegen und die Frittata noch einige Minuten garen lassen.

■ In Tortenstücke schneiden und servieren.

Salvatore sagt:
Bei dieser Zubereitung wird die Frittata besonders hoch und weich und Sie haben nicht das für Omeletts typische Problem des Wendens.

Pizza

FÜR 6 RUNDE PIZZEN ODER 4 BLECHE

20 g frische Hefe
1 Prise Zucker
1 kg Pizzamehl oder Mehl Type 550
1 EL Salz
600 ml lauwarmes Wasser

Bei den 485 °C, die ein professioneller Pizzaofen erreicht, ist eine *pizza napoletana* in weniger als 1 Minute fertig. Obwohl die Backzeit so knapp ist, gelingt die Pizza besser, wenn Sie der Hefe ausreichend Zeit geben: zuerst im Wasser und dann im Teig. Auch sollte eine Pizza nie zu voll belegt werden, weniger ist hier wirklich mehr!

■ Hefe in einer kleinen Schüssel zerbröseln, Zucker dazugeben mit etwas lauwarmem Wasser bedecken. Rühren, bis es sich aufgelöst hat und ca. 15 Minuten beiseitestellen, bis Bläschen zu sehen sind.

■ Auf eine saubere Arbeitsfläche Mehl häufen und eine Mulde in die Mitte drücken. Die Hefe hineingießen, Salz dazugeben und mit einer Gabel nach und nach das gesamte Mehl in die Flüssigkeit einrühren, bis sich ein grober Teig geformt hat. Den Teig nun mit den Händen geschmeidig kneten. Als Alternative alles in einer Küchenmaschine so lange bearbeiten, bis der Teig glatt ist.

■ Mit einem sauberen Tuch oder mit Klarsichtfolie abdecken und an einem warmen Ort über mehrere Stunden gehen lassen. Wenn die Möglichkeit besteht, noch einmal kurz kneten, den Teig in 6 Stücke teilen, zu Kugeln formen und auf einer mit Mehl oder Grieß bestäubten Fläche wieder gehen lassen.

■ Den Backofen auf 250 °C vorheizen. Die Pizzaböden nacheinander ausrollen und belegen. Die belegten Pizzaböden auf mittlerer Schiene einschieben und 10 bis 15 Minuten backen.

vegetarisch

Pizza caprese

Pizza mit Kirschtomaten & Büffelmozzarella

FÜR 1 RUNDEN BODEN

ca. 10 Kirschtomaten
1 Kugel Büffelmozzarella
1 Bund Basilikum
Salz
Olivenöl

■ Den Pizzaboden mit etwas Olivenöl bepinseln.

■ Die Tomaten halbieren, auf dem Pizzaboden verteilen und salzen. Mozzarella mit den Händen zerpflücken und auf die Pizza legen.

■ In den vorgeheizten Ofen schieben und ca. 10 Minuten backen. Anschließend mit Olivenöl beträufeln, mit den gewaschenen Basilikumblättern bestreut servieren.

Pizza con scamorza & speck

Pizza mit Scamorza & Südtiroler Speck

FÜR 1 RUNDEN BODEN

4 Scheiben mild geräucherter Südtiroler Speck
1/2 Kugel Scamorza
1 Kugel Mozzarella
150 g Tomatensoße (siehe S. 83 oder aus der Dose)
1 Bund Basilikum
Salz
Olivenöl

■ Den Pizzaboden mit der Tomatensoße bestreichen und salzen. Speck darauf legen.

■ Scamorza schälen, in 5 mm dünne Scheiben schneiden und auf den Speck verteilen. Mozzarella mit den Händen zerpflücken und auf die Pizza legen.

■ In den vorgeheizten Ofen schieben und ca. 10 Minuten backen. Anschließend mit Olivenöl beträufeln, mit den gewaschenen Basilikumblättern bestreut servieren.

Pizza alle cipolle rosse & acciughe

Pizza mit roten Zwiebeln & Sardellen

FÜR 1 RUNDEN BODEN

2 kleine rote Zwiebeln
2 Sardellenfilets
1 Kugel Mozzarella
1 Bund Basilikum
Salz, frisch gemahlener Pfeffer
Chili-Öl

■ Zwiebeln schälen und in feine Streifen schneiden. In einer Pfanne in 3 EL Öl andünsten, salzen und pfeffern. Die Sardellenfilets grob hacken.

■ Den Pizzaboden mit etwas Olivenöl bepinseln und Zwiebeln und Sardellenfilets darauf verteilen. Mozzarella mit den Händen zerpflücken und auf die Pizza legen.

■ In den vorgeheizten Ofen schieben und ca. 10 Minuten backen. Anschließend mit Chili-Öl beträufeln, mit den gewaschenen Basilikumblättern bestreut servieren.

Panna Cotta

„Gekochte Sahne"

FÜR 4–6 PERSONEN

10 Blatt Gelatine
400 ml frische Sahne
600 ml Vollmilch
100 g Zucker

Dass ausgerechnet dieses zarte, für die ganze Welt fest zum *dolci*-Repertoire des Bel Paese gehörende Dessert die Kreation einer ungarischen Dame sein sollte, die Anfang des 20. Jahrhunderts im Piemont lebte, hört kein Italiener gerne. Das Qualitätssiegel PAT (Prodotto Agroalimentare Tradizionale), das ihm verliehen wurde, zerstreut aber alle Zweifel, denn diese Ehre wird nur besonders traditionsreichen Rezepten zuteil. Doriana bereitet die Panna Cotta am liebsten ohne alles zu – ihr schlichtes, dennoch vollmundiges Aroma sollte man auf jeden Fall ein Mal pur gekostet haben. Zum Schluss verrät sie aber doch, wie man sie verfeinern kann.

■ Die Gelatine in kaltem Wasser ca. 15 Minuten einweichen.

■ Sahne, Milch und Zucker in einem Topf zum Kochen bringen, dabei immer wieder umrühren. Dann vom Herd nehmen und ein paar Minuten weiter umrühren. Danach erneut 5 Minuten bei geringer Hitze köcheln lassen.

■ Hitze ausstellen, Gelatine mit den Händen ausdrücken und in den Topf zur Sahne geben, gut umrühren, bis sie ganz aufgelöst ist. Die Panna Cotta in kleine Schälchen oder in eine Puddingform füllen, ca. 5 Stunden kalt stellen und fest werden lassen.

Doriana sagt:
Im Juni, wenn süße und reife Erdbeeren oder Himbeeren auf dem Markt zu haben sind, greifen Sie zu und pürieren Sie sie mit ein wenig Zucker und einem Schuss Sahne – eine perfektere Kombination für dieses Dessert werden Sie nicht finden!

Torta alle pesche *Pfirsichtarte*

Für 8 Personen

1 kg Pfirsiche
80 g Zucker
100 g Mehl (Type 450)
2 Eier
1/2 Packung Backpulver
Saft von 1/2 Zitrone
1 Prise Salz
Puderzucker
frische Sahne
Butter zum Einfetten

Wenn es um Pfirsiche geht, ist Doriana richtig verwöhnt: Schon ihre Eltern haben diese Obstsorte in großem Umfang angebaut. Die prallen, gelben Früchte finden in ihrer Küche vielfach Verwendung – mal als Obstsalat, mal als Konfitüre, oder eben in dieser saftigen Tarte, die sie ihren Gästen manchmal sogar schon zum Frühstück serviert. So eine fruchtige *colazione all'italiana* hat man auch in Italien nicht alle Tage.

■ Den Backofen auf 180 °C vorheizen und eine Spring- oder Tarteform einfetten.

■ Pfirsiche waschen, schälen und in 5 mm dicke Schnitze schneiden. In eine Schüssel legen und mit dem Zitronensaft begießen. 40 g Zucker dazugeben und vorsichtig vermischen. Alles beiseitestellen und durchziehen lassen.

■ Eigelbe vom Eiweiß trennen und die Eiweiße in einer Schüssel mit dem Salz zu Schnee schlagen. In eine größere Schüssel Mehl, Eigelbe, den restlichen Zucker und Backpulver geben und vermischen. Mit Milch oder Mehl die Konsistenz des Teigs regulieren. Alles bearbeiten, bis der Teig glatt und cremig ist. Pfirsiche und Eischnee mit einem Holzlöffel sorgfältig untermischen. Alles in die Form füllen und im vorgeheizten Ofen 40 Minuten backen. Mit Puderzucker bestreuen und mit frischer Schlagsahne servieren.

vegan

Granita di lamponi

Himbeergranita mit Rosensirup

Für 4 Personen

150 g Blätter von ungespritzten Duftrosen
750 g Rohrzucker
2 Bio-Zitronen
500 g Himbeeren (frisch oder tiefgefroren)

Salvatore sagt:
Wenn die Herstellung von Rosensirup nicht möglich ist, können Sie Rosenwasser in der Apotheke kaufen und die Granita bei Bedarf mit Zucker abschmecken. Falls keine Eismaschine vorhanden ist, die Granita-Masse einfrieren und alle 30 Minuten mit einer Gabel kräftig umrühren, bis die gesamte Flüssigkeit gefroren ist.

Heiße Sommertage beginnen in Sizilien grundsätzlich mit einer Granita. Die Brioche, die man dazu isst, wird sogar in das kalte Getränk eingetunkt – ganz nach italienischen Vorschriften.

■ 3/4 l Wasser zum Kochen bringen. Die Rosenblätter verlesen, abbrausen und trocken tupfen. Das Wasser in eine Schüssel gießen und die Rosenblätter dazugeben. Die Zitronen mit heißem Wasser waschen, dann abtrocknen und in Scheiben schneiden. Wenn die Rosenblätter gesunken sind, Zitronenscheiben dazugeben. Einen flachen Teller darauf legen und für 24 Stunden durchziehen lassen.

■ Ein Haarsieb mit einem Passiertuch auslegen und das Rosenwasser durch das Passiertuch vorsichtig in einen Topf abseihen. Rohrzucker zum Rosenwasser geben und bei mittlerer Hitze schmelzen lassen, ohne dass die Flüssigkeit kocht. Anschließend abkühlen lassen.

■ Himbeeren verlesen, abbrausen und trocken tupfen. Ca. 10 Früchte beiseitestellen. In einer Schüssel Früchte und Rosensirup mit dem Pürierstab pürieren. Anschließend für ca. 30 Minuten in die Eismaschine geben. Granita in hohe Gläser füllen und mit frischen Himbeeren anrichten.

La sagra – Dorffest

Jedes Jahr wird das Leben mancher Dörfer ein bis zwei Wochen lang auf den Kopf gestellt. Die Straßen sind abends ungewöhnlich leer, und appetitanregende Düfte in der Luft deuten auf ausgiebiges Grillen irgendwo in der Nähe hin. Nicht zu überhören ist zudem eine fröhliche, laute Musik. Gäbe es keinen weiteren Hinweis, würden spätestens die Polka-, Walzer- und Mazurka-Rhythmen für Klarheit sorgen: Es ist die Zeit der *sagra*, und das ganze Dorf feiert auf der *piazza* oder dem Fußballfeld.
Von Nord bis Süd gestalten unzählige Dorffeste die sommerlichen Abende auf dem Land. Für die Gemeinde ist die Sagra der Höhepunkt des Jahres, denn alle sind beteiligt: Es wird gekocht, gegrillt, gekellnert – aber vor allem gegessen. Unter Zeltplanen kommt eine lebhafte Open-Air-Trattoria zustande, in der an langen Biergartentischen getafelt wird. Dann tanzen Jung und Alt zu musikalischer Live-Begleitung.
Ursprünglich war die Sagra ein Volksfest, um den Schutzpatron zu ehren oder wichtige landwirtschaftliche Ereignisse zu feiern, z. B. die Getreideernte. Heute liegt der Schwerpunkt dieser vielbesuchten Feste im kulinarischen Bereich, und die Spezialitäten der Dörfer stehen im Mittelpunkt. Ihre Namen – wie *Sagra del tartufo*, *dello gnocco*, *delle lenticchie* (Linsen), *della ranocchia* (Frosch), *del cacciucco* (Fischgericht aus der Toskana) – ergeben eine Art Glossar der italienischen Landküche.

Porchetta – Schweinerollbraten

FÜR 8–10 PERSONEN

2 kg Schweinebauch mit in Rauten eingeschnittener Schwarte (das Fleisch vom Metzger zu einem flachen Stück schneiden lassen, das sich gut aufrollen lässt)
1 kg Schweinelende oder Schweinefilet
4 Knoblauchzehen
1 Bund Wildfenchel (Fenchelgrün)
1 Rosmarinzweig + 1 Zweig zum Braten
Salz, frisch gemahlener Pfeffer
1/8 l Rotwein

Die Herkunft dieses Schweinerollbratens mit knuspriger Schwarte beansprucht die Kleinstadt Ariccia für sich und zelebriert sie bei ihrer Sagra. Doch die Strahlkraft der Porchetta reicht weit über Ariccia hinaus: Als Streetfood ist ein *panino alla porchetta* überall in Mittelitalien sehr beliebt, wie die typischen Porchetta-Wagen am Straßenrand beweisen.

Knoblauch schälen und mit den Kräutern fein hacken. Schweinebauch mit der Schwarte nach unten auf ein Holzbrett legen, mit Salz und Pfeffer einreiben und 2/3 der Kräuter darauf verteilen. Schweinelende mit den restlichen Kräutern einreiben und in die Mitte des Schweinebauchs legen. Den Bauch mit der Schwarte nach außen um die Lende rollen und mit Küchengarn festbinden. In Alufolie einwickeln und über Nacht in den Kühlschrank stellen. Backofen auf 220 °C vorheizen und ein tiefes Backblech mit 2 Tassen Wasser, Wein und einem Rosmarinzweig auf der unteren Schiene positionieren. Die Porchetta auf einen Bratrost legen und oberhalb des Backblechs 1 Stunde bei 220 °C und 2 Stunden bei 200 °C braten. Fleisch immer wieder mit dem Bratensaft begießen und mehrmals wenden. Temperatur für die letzten 15 Minuten auf 220 °C stellen (Grill). Vor dem Servieren ruhen lassen und dann in dünne Scheiben schneiden.

Autunno
Herbst

Nach der Hitze und den vielen Gästen kehrt wieder ein wenig Ruhe ein – im Agriturismo sowie in der Natur. Dies ist Dorianas Lieblingsjahreszeit: Sie und ihre Familie blicken nun erwartungsvoll auf die reifenden Oliven und hoffen auf ein gutes Öljahr. In der Küche wendet sie sich wieder gehaltvolleren Gerichten zu – Fleisch findet wieder seinen Platz im Speiseplan.

In den letzten warmen Tagen des Jahres beobachtet Salvatore die schöne Arbeit in den *vigne*, den Weinbergen, befreundeter Winzer. Die ersten Prognosen für den neuen Wein werden aber erst Wochen später, bei einem Glas *vino novello*, formuliert – jetzt kann er als kleinen Trost die süße Traube direkt von der Rebe kosten.

Wenn dann erst gelbe und rote Nuancen die Wälder färben, werden die *caldarroste*, die heißen Maronen, bald die Mahlzeiten abschließen. Der Duft des Röstfeuers in den Landküchen ist dann das endgültige Zeichen, dass die kalten Tage kommen.

vegan

Insalata fruttata d'autunno

Pikanter herbstlicher Obstsalat

FÜR 4 PERSONEN

4 Orangen
2 kleine Bio-Äpfel
2 große Fenchelknollen
1 Knoblauchzehe
1/2 Granatapfel
Salz, frisch gemahlener Pfeffer
Olivenöl

Denjenigen, die den erfrischenden, saftigen Obstsalaten des Sommers nachtrauern, bietet Salvatore dieses herbstliche Pendant an, welches süße, saure und herbe Geschmacksrichtungen hervorragend kombiniert. Wie immer ist das Geheimnis hinter Gerichten mit rohen Zutaten das Olivenöl – nur das beste, *extra vergine* sollten Sie hier benutzen.

■ Die Orangen heiß waschen und mit einem scharfen Messer so schälen, dass auch die weiße Haut ganz entfernt wird. Orangen in dünne Scheiben schneiden, vierteln und, falls vorhanden, Kerne entfernen. In eine Servierschüssel legen, salzen und pfeffern und mit Olivenöl beträufeln.

■ Die Äpfel waschen und das Kerngehäuse entfernen. Das Fruchtfleisch in dünne Scheiben schneiden und vierteln.

■ Die Fenchelknollen waschen, putzen und den Strunk entfernen. Die Knollen der Länge nach halbieren und längs in dünne Streifen schneiden.

■ Den Knoblauch schälen und in feine Scheiben schneiden.

■ Äpfel, Fenchelknollen und Knoblauch zu den Orangen geben, mit Salz und Pfeffer abschmecken, mit Olivenöl beträufeln und vorsichtig vermengen.

■ Zum Schluss den Granatapfel öffnen, die Kerne einer Hälfte vorsichtig entnehmen und den Salat damit garnieren.

vegetarisch

Carpaccio di funghi

Pilz-Carpaccio

FÜR 4 PERSONEN

300 g Kaiserlinge, Steinpilze oder Champignons
1 Bund Bergminze
Saft von 1 Zitrone
Salz, frisch gemahlener Pfeffer
Olivenöl
frisch gehobelter Parmesan oder Pecorino

Die Essenz des Herbstes findet sich wohl nirgendwo in vollkommenerer Form als in rohen Pilzen: Sie bewahren das Aroma verregneter Wälder, des Mooses und der Erde, der sie entsprießen. Salvatore schwärmt besonders von den *ovuli*, den Kaiserlingen, und behauptet, kein Pilz sei so köstlich wie diese leuchtend orangenen Pilze mit feiner, nussiger Note. Da diese allerdings – auf dem Markt wie im Wald – nicht so einfach zu finden sind, erhalten Sie hier auch einige Alternativvorschläge für Ihr herbstliches Pilz-Carpaccio.

■ Pilze putzen und mit feuchtem Küchenpapier vorsichtig abreiben. Den unteren Teil des Strunks abschneiden, dann die Pilze der Länge nach in dünne Scheiben schneiden. Die Bergminze waschen und trocknen lassen.

■ In einer Schüssel eine Vinaigrette aus Zitronensaft, Salz und Pfeffer mit einer Gabel schlagen oder in einem sauberen Schraubglas schütteln, bis sich das Salz aufgelöst hat. Dann Olivenöl dazugeben und weiter schlagen, bis die Emulsion cremig ist.

■ Die Pilze auf einem Servierteller anrichten und mit 2/3 der Emulsion beträufeln. Zuerst mit Minze, dann mit Parmesan bestreuen und die restliche Vinaigrette darübergießen. Vor dem Servieren im Kühlschrank etwa 20 Minuten durchziehen lassen.

Salvatore sagt:
Abhängig von den Pilzen, die Sie verwenden, würde ich das Rezept leicht variieren. Wenn ich Kaiserlinge zur Verfügung habe, richte ich das Carpaccio nur mit der Vinaigrette an. Bei Champignons füge ich gerne noch feine Scheiben vom Staudensellerie hinzu, das bereichert das Carpaccio um eine interessante Note.

Funghi & tartufi
Pilze & Trüffel

Risotto alla boscaiola
Wald-Risotto

FÜR 4 PERSONEN

400 g Risotto-Reis (siehe S. 147) | 1 Rosmarinzweig | 4 Salbeiblätter | 150 g Salsicciabrät (siehe S. 36) oder feingehackte Pancetta | 300 g frische Steinpilze | 100 g Butter | 2 Knoblauchzehen | 1 Zwiebel | Salz, frisch gemahlener Pfeffer | frisch geriebener Parmesan oder Grana Padano | Olivenöl | 1 Stück Trüffel

1,5 l leicht gesalzenes Wasser mit den Kräutern zum Kochen bringen. Salsicciabrät in 1 EL Olivenöl krümelig braten, dann beiseitestellen. Pilze putzen und in Scheiben schneiden. Knoblauch schälen und fein hacken. Mit den Pilzen in 3 EL Olivenöl in einem Topf mit dickem Boden andünsten und solange garen, bis die Flüssigkeit verkocht ist, dann aus dem Topf nehmen und beiseitestellen. Zwiebel fein hacken und in 50 g Butter im selben Topf andünsten. Reis dazugeben und kurz mitdünsten, dann Pilze untermischen. Nach und nach die Brühe hinzufügen und den Reis unter häufigem Rühren ca. 20 Minuten garen. Salsicciabrät nach der Hälfte der Zeit untermischen. Herd ausstellen, restliche Butter und Käse unterrühren und zugedeckt ziehen lassen. Mit Pfeffer würzen und Trüffel darüber raspeln.

Sobald der Wald seinen erdigen Geruch nach den ersten herbstlichen Regentagen bekommen hat, zieht er die Sammler unwiderstehlich an. Die Natur hält jetzt für sie besondere Schätze bereit: schmackhafte Pilze und die edelsten aller Edelpilze, die Alba- und die Norcia-Trüffel, nach denen die Suchenden mit ihren Helfern, den Trüffelhunden, vorzugsweise unter Eichen, Weiden, Pappeln oder Linden graben.

War das Sammeln von Wildspargel und wildem Blattgemüse im Frühling relativ leicht, so ist jetzt echtes Experten-Wissen gefragt. Die über Jahre hinweg angesammelten Kenntnisse, vor allem in Bezug auf geheimgehaltene Fundorte, führen dazu, dass Pilz- und Trüffelkenner nur selten mit leeren Körben nach Hause gehen. Auf dem Land gibt es in jeder Familie einen Pilzsammler, der seine Beute gerne verteilt, und in jedem Freundeskreis kennt jemand einen Trüffeljäger seines Vertrauens, bei dem man die Edelknollen kaufen kann. So ist der Genuss von *porcini* (Steinpilzen), *prataioli* (Wiesenchampignons), *galletti* (Pfifferlingen) und *ovuli* (Kaiserlingen) sowie der wertvollen Trüffel auch in dieser Hinsicht eine besondere Angelegenheit: Sie kommen nur in der Saison auf den Tisch und oft weiß man, wer sie gesammelt hat.

Ganz anders geht es zu auf der Trüffelmesse von Alba. In der Kleinstadt im Piemont, der Heimat der Weißen Trüffel, wird es richtig aufregend im Herbst, wenn Menschen aus ganz Europa dorthin kommen, um die „Königin der Trüffel" zu erstehen. Bei Preisen, die mehrere hundert Euro pro 100 Gramm erreichen, genügt oft ein kleines Exemplar. Leider sind aber auch Betrüger unterwegs, was den Kauf erschwert. So ist es immer ratsam, sich dort an bewährte Quellen zu halten.

Obwohl die weiße Knolle die begehrteste ist, bleiben Doriana und Salvatore der Philosophie des *chilometro zero*, also des heimischen Einkaufs treu: Umbriens Boden ist renommiert für seine schwarzen Sorten, deshalb werden die Gerichte der beiden ausschließlich von den frischen, dunklen Trüffeln bereichert. Dabei ist Salvatores Grundregel 10 g bei einer normalen Portion – bis zur doppelten Menge, wenn der Koch großzügig sein will. Gekaufte Trüffelöle oder -soßen, die in der Regel alles überdecken und die Feinheit der Aromen in keinster Weise wiedergeben, finden keine Verwendung – höchstens selbst gemacht. Gerade bei Trüffeln ist die komplexe Aromazusammensetzung – von erdig und pilzig bis nussig, sogar mit Noten von Knoblauch und Käse – so einzigartig, dass sie nur durch eine frische Knolle in ihrer vollen Entfaltung erlebt werden kann.

Alles schwarz-weiß

Die Alba-Trüffel oder Weiße Trüffel (*tartufo bianco*, Tuber Magnatum Pico) ist für viele die feinste Trüffel überhaupt, was sich auch am Preis erkennen lässt. Ein sehr intensiver Duft, mit Knoblauchanklang, und der milde Geschmack sind ihre Merkmale. Im Piemont liegt ein Hauptgebiet, aber weiße Trüffel finden sich auch in der Emilia-Romagna, in der Toskana oder in den Marken. Diese Trüffel wird nur roh gegessen, da sie sonst ihre Intensität verliert. Die Märztrüffel (*bianchetto*, Tuber Albidum Pico) ist eine weiße Trüffel minderer Qualität.

Unter den dunklen ist die Schwarze Trüffel oder Périgord-Trüffel (*nero di Norcia*, Tuber Melanosporum Vittadini) die wertvolle, im Geschmack kräftige, erdige Knolle, die mit der Weißen Trüffel aus Alba konkurriert. Anders als diese verliert sie ihr Aroma durch Erhitzen nicht. Im Winter lassen sich auch weitere schwarze Sorten geringerer Qualität finden, die viel Verwendung in der Küche finden, da sie preiswerter sind. Dies sind die Wintertrüffel (*nero invernale*, Tuber Brumale Vittadini), mit derberem Geschmack, und die Muskattrüffel (*nero moscato*, Tuber Brumale Moschatum De Ferry), mit leichter Moschus-Note. Darüber hinaus gibt es zwei weitere sehr verbreitete Sorten, die nach den Jahreszeiten benannt sind, in denen sie reif werden: die Sommertrüffel (*nero estivo* oder *scorzone*, Tuber Aestivum Vittadini) und die Herbsttrüffel (*uncinato*, Tuber Uncinatum Chatin).

Über den Umgang mit der Edelknolle

Obwohl ihr Aussehen grob und unförmig erscheint, sind Trüffel zart und müssen mit Vorsicht behandelt werden. Bei den schwarzen müssen vor allem Erdreste durch sanftes Bürsten entfernt werden. Benutzen Sie dabei eine kleine, mittelharte Bürste, die Sie ab und an in eine Wasserschale tunken. Tupfen Sie danach vorsichtig die Knollen ab, bis sie ganz trocken sind. Wenn Sie sie innerhalb von wenigen Tagen verzehren wollen, können Sie die sauberen Erdpilze in Küchenpapier wickeln und in einem Glasbehälter im unteren Fach im Kühlschrank aufbewahren. Zur späteren Verwendung können Sie sie unter Vakuum verpacken. So überstehen sie gut auch eine längere Reise, wenn Sie sie zum Beispiel im Urlaub gekauft haben. Dann sollten sie aber recht bald verwendet werden.

Vellutata di zucca con pancetta croccante

Kürbiscremesuppe mit knuspriger Pancetta

FÜR 4 PERSONEN

800 g Bio-Hokkaidokürbis
etwa 1/2 l Gemüsebrühe (siehe S. 22) oder heißes Wasser
1 kleine Zwiebel
6 Scheiben Pancetta, dünn geschnittener Speck oder Landschinken
2 EL Weißweinessig
Salz, frisch gestoßener Pfeffer
Olivenöl

Geschmeidig wie Samt soll diese einfache Cremesuppe werden. Von *velluto*, Samt, kommt auch der Name *vellutata*, mit dem alle Suppen aus Gemüse oder Hülsenfrüchten bezeichnet werden, die zum Schluss sehr fein püriert werden. Kürbisfleisch erreicht die richtige Konsistenz besonders gut – und das geht auch ohne Sahne, wie Salvatore hier zeigt. Die Kombination mit Pancetta ist hinreißend.

■ Den Backofen auf 180 °C vorheizen. Die Gemüsebrühe wie angegeben vorbereiten.

■ Kürbis waschen, halbieren und die Kerne mithilfe eines Löffels entfernen. Kürbis in große Stücke schneiden und die Seite ohne Schale mit Alufolie abdecken. Mit der Schale nach unten auf einen Bratenrost legen und etwa 40 Minuten im Ofen garen. Die nun weich gewordenen Kürbisstücke samt Schale in eine Schüssel legen.

■ Zwiebel schälen und sehr fein hacken. In einem großen Topf mit 3 EL Olivenöl andünsten, bis sie glasig ist. Kürbisstücke dazugeben und mit Salz abschmecken. Kurz anbraten, dann etwa 1/4 l heiße Brühe hinzufügen und 10 Minuten bei mittlerer Hitze garen. Anschließend mit dem Pürierstab zu einer cremigen Suppe pürieren und Brühe hinzugeben, bis die gewünschte Konsistenz erreicht ist. Mit Salz abschmecken.

■ Währenddessen Pancettascheiben in einer Pfanne bei mittlerer Hitze anbraten, bis sie kross sind, und anschließend mit dem Essig ablöschen.

■ Pancettascheiben vierteln. Suppe in Suppentellern anrichten, Pfeffer darüber mahlen, Pancetta dazugeben und mit einem *filo d'olio* beträufeln.

Salvatore sagt: Wenn Sie eine vegane Mahlzeit möchten, können Sie die Pancetta auch weglassen und stattdessen ein paar Scheiben Bruschetta mit Knoblauch, Öl und Salz vorbereiten. Die Brotscheiben dazu in längere, dicke Streifen schneiden und diese so am Tellerrand platzieren, dass die Spitze in der Suppe liegt. Wenn etwas übrig geblieben ist, können Sie daraus einen leckeren Risotto vorbereiten: Dafür 1 Zwiebel fein hacken und in Butter andünsten, Reis dazugeben und kurz anbraten, mit Weißwein ablöschen und Gemüsebrühe hinzufügen (die Menge der Flüssigkeit hängt davon ab, wie viel Sie vorbereiten wollen). Ca. 20 Minuten garen, anschließend die schon erwärmte Kürbissuppe untermischen. Zum Schluss frisch geriebenen Parmesan und Butter dazugeben, umrühren, zudecken, den Herd ausmachen und einige Minuten ziehen lassen. Mehr zum Thema Risotto finden Sie auf S. 147.

Pasta & ceci

vegetarisch mit Maltagliati / vegan mit Ditalini

FÜR 4 PERSONEN

250 g hausgemachte Maltagliati (siehe S. 116) oder getrocknete Ditalini
500 g getrocknete Kichererbsen
1 EL Natron
2 Rosmarinzweige
2 Knoblauchzehen
250 g einfache Tomatensoße (siehe S. 83) oder 1/2 Dose stückige Tomaten
1 EL frischer Majoran oder Kerbel
Olivenöl
Salz, frisch gemahlener Pfeffer

Salvatore sagt:
Suppen gelingen besser, wenn man direkt eine ordentliche Menge zubereitet. Wenn es für eine Mahlzeit zu viel ist, stellen Sie etwas davon zur Seite, bevor Sie die Pasta darin kochen, und wärmen Sie sie am nächsten Tag auf. Allerdings muss die Pasta in einem separaten Topf gekocht und erst dann in die Brühe mit den Hülsenfrüchten gegeben werden – andernfalls würde die Suppe zu dickflüssig.

„*Ah, pasta e ceci...*“, seufzt Salvatore verträumt, wenn er von diesem Rezept erzählt. Anscheinend kann dieses Gericht richtig Gefühle wecken. Vielleicht liegt es an seiner Einfachheit, vielleicht an der Tatsache, dass Kichererbsen früher zu den Grundnahrungsmitteln gehörten. Sicherlich trägt auch der Rosmarin dazu bei, denn er fehlt selten in einem Rezept mit diesen Hülsenfrüchten. Das Aroma ist unverkennbar.

■ Die Kichererbsen über Nacht in ausreichend Wasser mit dem Natron einweichen.

■ Am Folgetag Maltagliati wie angegeben vorbereiten.

■ Kichererbsen abseihen und unter fließendem Wasser abspülen. Mit dem Rosmarin und den Knoblauchzehen in einen Topf geben und mit frischem Wasser (ca. 2 l) bedecken. Salzen und 1 Stunde bei mittlerer Hitze kochen lassen, dann testen, ob die Kichererbsen gar sind. Falls nicht, weiter garen, ohne dass sie zu weich werden.

■ Währenddessen 4 EL Öl, Tomatensoße und Majoran in einen großen Topf geben und bei niedriger Hitze zugedeckt köcheln lassen.

■ Rosmarinzweige aus den Kichererbsen entfernen, die Hälfte der Kichererbsen mit einem Schaumlöffel herausnehmen und in einer Schüssel mit einem Pürierstab pürieren. Dabei einige EL Brühe verwenden, damit die Paste flüssig genug ist.

■ Kichererbsenpüree und die restlichen Hülsenfrüchte zur Tomatensoße geben und umrühren. Ausreichend Brühe dazu gießen, damit genug Flüssigkeit vorhanden ist, um die Pasta darin zu garen. Bei Bedarf mit Salz abschmecken und auf mittlerer Hitze köcheln lassen.

■ Wenn alles kocht, die Pasta untermischen. Immer wieder umrühren, da die Nudeln schnell ansetzen. Frische Pasta braucht ca. 3 Minuten Garzeit. Für getrocknete Nudeln die Hinweise auf der Packung beachten, wobei die Garzeit in diesem Fall länger als angegeben sein könnte, da die Brühe dickflüssig ist. Bei Bedarf mehr Brühe hinzufügen und erneut mit Salz abschmecken.

■ Wenn die Pasta gar ist, die Hitze ausstellen und das Gericht im Topf kurz ruhen lassen. Auf tiefe Teller verteilen, mit einem *filo d'olio* beträufeln und mit frisch gemahlenem Pfeffer würzen.

Lasagne verdi

Grüne Lasagne

FÜR 4–6 PERSONEN

400 g frische, grüne Teigblätter (siehe S. 115) oder getrocknete Lasagne
600 ml Bolognese-Soße (siehe S. 83)
Butter
frisch geriebener Parmesan oder Grana Padano
Milch

für die Zwiebel-Béchamelsoße
1 Schalotte
100 g Butter
100 g Mehl
1 l Milch
2 Lorbeerblätter
1/2 TL geriebene Muskatnuss
Salz

Wenn es zu Hause ans feierliche Sonntagsessen geht, gehört eine krosse, cremige *lasagna* in Italien fast immer zum Menü. Von allen Gerichten findet ausgerechnet sie in Pellegrino Artusis (1820–1911) Standardwerk „Von der Wissenschaft des Kochens und der Kunst des Genießens" keine Erwähnung. Das Rätsel lässt sich aber schnell lösen: Obwohl ein Gericht mit langer Tradition, ist die Pasta aus dem Ofen, wie wir sie heute kennen, erst danach zum weltweiten Star geworden.

■ Zuerst Teigblätter und Bolognese-Soße wie angegeben zubereiten.

■ In einem großen Topf Wasser zum Kochen bringen und salzen. 3 bis 4 frische Teigblätter wenige Minuten kochen, in einem Sieb abtropfen lassen, dann auf einem sauberen Tuch nebeneinander trocknen lassen. Getrocknete Lasagneblätter nach Packungsangabe garen.

■ Für die Béchamelsoße Schalotte schälen und sehr fein hacken. Butter in einem Topf zerlassen, Zwiebel darin andünsten und Mehl nach und nach bei niedriger Hitze unter Rühren bräunen. Vom Herd nehmen und Milch langsam zugießen. Dabei ständig in eine Richtung umrühren, um Mehlklumpen zu vermeiden. Den Topf wieder auf den Herd stellen, mit Salz und Muskatnuss würzen, Lorbeerblätter dazugeben und etwa 5 Minuten köcheln lassen.

■ Den Backofen auf 180 °C vorheizen.

■ Eine große Auflaufform mit Butter einfetten. Den Boden mit einigen Löffeln Bolognese-Soße bestreichen und darauf eine erste Lage Teigblätter auslegen. Zunächst wieder mit Bolognese-Soße bestreichen, dann ein wenig Béchamelsoße darauf verteilen und Parmesan darüber raspeln. Auf diese Weise zwei oder drei weitere Lagen einschichten. Zum Schluss einige Butterflöckchen darauf verteilen und mit Milch beträufeln – etwas mehr, wenn Sie getrocknete Lasagne-Platten verwenden. Während der Garzeit bei Bedarf noch mehr Milch dazugeben.

■ Im Backofen 40 Minuten backen, bis sich eine goldbraune Kruste gebildet hat.

Penne con il cavolfiore alla siciliana

Sizilianische Penne mit Blumenkohl

Für 4 Personen

400 g Penne
1 großer Blumenkohl
1 Zwiebel
2 Knoblauchzehen
5 Sardellenfilets
50 g Rosinen
50 g Pinienkerne
1 Prise Safran
50 g frisch geriebener Pecorino + etwas zum Servieren
Salz, frisch gemahlener Pfeffer
Olivenöl

Früher, erzählt Salvatore, als Fleisch selten zur Kost der Landbevölkerung gehörte, wurden Gemüsegerichte gerne mit kleinen Extra-Ingredienzen gewürzt und auf diese Weise interessanter und abwechslungsreicher gemacht. Wie in diesem Rezept, wo Rosinen, Pinienkerne und Safran dieser Pasta eine süße Note verleihen und wieder einmal den arabischen Einfluss auf die sizilianische Küche delikat belegen.

■ Den Blumenkohl waschen, putzen und in Röschen teilen. Gesalzenes Wasser in einem großen Topf zum Kochen bringen und ihn weich garen. Anschließend mit einem Schaumlöffel aus dem Topf nehmen, dabei das Wasser im Topf lassen.

■ Zwiebel schälen und in dünne Streifen schneiden. Knoblauch schälen und fein hacken. In einer Pfanne 4 EL Olivenöl erhitzen und Zwiebel und Knoblauch bei mittlerer Hitze andünsten, bis sie weich sind. Sardellen dazugeben und in der Pfanne mit einer Gabel zerdrücken, bis sie sich aufgelöst haben. Rosinen, Pinienkerne und Safran untermischen und anbraten, dann Blumenkohl und Pecorino dazugeben, alles gut vermengen und weitere 15 Minuten bei mittlerer Hitze garen. Dabei den Blumenkohl immer wieder leicht andrücken.

■ Währenddessen das Blumenkohlwasser erneut zum Sieden bringen, bei Bedarf nachsalzen, eventuell mehr Wasser dazugeben und Nudeln darin *al dente* kochen. Anschließend Penne in die Pfanne geben, vermengen und kurz scharf anbraten. Mit Pecorino und Pfeffer bestreuen und servieren.

Salvatore sagt:
Probieren Sie dieses Rezept anstelle von Blumenkohl auch einmal mit Romanesco – dem Kohl mit den auffälligen, türmchenförmigen Röschen.

Cappellacci di zucca al burro & salvia

Kürbis-Cappellacci in Butter-Salbei-Soße

FÜR 4 PERSONEN

500 g frischer Nudelteig (siehe S. 116)
800 g Muskatkürbis
3 Amaretti-Kekse
1 Ei
50 g frisch geriebener Parmesan oder Grana Padano + etwas zum Servieren
1 Prise Muskatnuss
Paniermehl, bei Bedarf
50 g Butter
5 große Salbeiblätter
Salz, frisch gemahlener Pfeffer

Doriana sagt:
Wie bei allen gefüllten Pastasorten muss der ausgerollte Teig direkt verwendet werden, sonst trocknet er zu sehr und ist nicht mehr so leicht zu verarbeiten.

Die delikat süße Note, die die Amaretti der Füllung verleihen, macht diese Cappellacci – was so etwas heißt wie „schlecht geformte Hüte" – zu einem besonderen Genuss. Die Kreis- oder Blumenform, die Doriana der klassischen Tortellini-Form vorzieht, ist nicht nur einfach bei der Verarbeitung, sondern auch ein ästhetischer Genuss: Wenn die Nudeln auf dem Teller liegen, kommt die schöne Farbe der Füllung bei leichtem Andrücken der Gabel sofort zur Geltung.

■ Zuerst den Teig wie angegeben zubereiten, in Klarsichtfolie einwickeln und beiseitelegen.

■ In einem Topf gesalzenes Wasser zum Kochen bringen. Den Kürbis waschen, halbieren und die Kerne mithilfe eines Löffels entfernen. Dann den Kürbis in große Stücke schneiden und im Wasser gar kochen. Anschließend abtropfen lassen, in eine hohe Schüssel geben, Amaretti dazu bröseln und mit einem Pürierstab pürieren.

■ Das Ei verquirlen, salzen, Parmesan und Muskatnuss untermischen und zum Kürbis geben; dabei so lange umrühren, bis alles cremig ist. Falls das Kürbispüree zu flüssig ist, etwas Paniermehl dazugeben, nochmals umrühren und beiseitestellen.

■ Auf einer bemehlten Arbeitsfläche den Nudelteig dünn ausrollen. Mithilfe eines runden Ausstechers (ø 6,5 cm) oder einer Kaffeetasse eine gerade Anzahl von Teigkreisen ausstechen. Je 1 guten TL der Kürbisfüllung auf die Hälfte der Kreise geben, dann die restlichen Kreise darauflegen und die Ränder mit den Händen gut zusammendrücken, sodass die Füllung beim Kochen nicht austreten kann. Falls der Teig zu trocken geworden ist, die Ränder mit etwas Wasser befeuchten.

■ Das Kürbiswasser nochmals zum Sieden bringen, bei Bedarf nachsalzen und die Cappellacci darin kochen. Währenddessen Butter in einer Pfanne bei niedriger Hitze zerlassen und den Salbei dazugeben. Wenn die Cappellacci an die Wasseroberfläche kommen, sind sie gar. Mit einem Schaumlöffel aus dem Wasser nehmen und in die Pfanne legen. Kurz in der Butter erhitzen, dabei die Pfanne ab und zu vorsichtig rütteln.

■ Auf Tellern anrichten und mit Parmesan und Pfeffer bestreuen.

La pasta fresca fatta in casa Frische, hausgemachte Pasta

Ein *primo piatto* mit selbst gemachter Pasta ist Gaumenfreude pur. Vielfach sorgt es für Erstaunen, dass solch ein Gericht früher täglicher Auftakt des Mittagessens war. Bevor ab den 1950er Jahren die lagerungsfähige, getrocknete *pasta secca* aus *semola di grano duro* (Hartweizengrieß) industriell produziert und allgegenwärtig wurde, war die selbst gemachte Pasta das Grundnahrungsmittel schlechthin – gehaltvoller und feiner mit Eiern, schneller zubereitet und bissfester ohne, ganz im Sinne der *cucina povera*.
Die Herstellung von Pasta gehörte zu den täglichen Küchenarbeiten der Hausfrau. Legendär ist die Figur der *azdora*, die in der Emilia-Romagna, der Heimat der *pasta fresca*, als Frau oder Verwandte des Bauern das Haus führte und deren Teigblatt, die *sfoglia*, „rund wie der Mond und leicht wie ein Streichen über die Wange" war. Dieses Handwerk lernte jede Frau in Italien – auch für Doriana war das noch so. Ihre Großmutter weihte sie schon als Kind ein: Bei den ersten Versuchen, wenn das Teigblatt eher viereckig wurde, knetete die Oma es wieder zusammen und zeigte ihr die Bewegungen, die zu einem schönen, runden Kreis führen. Als sie das Restaurant eröffnete, konnte Doriana in puncto Pasta niemand mehr etwas vormachen.
Heute ist *pasta fresca* zu einem feinen Genuss für die Feiertage geworden. Die Verwendung von Pasta aus der Packung bedeutete einen kleinen Emanzipationsschritt der Frauen weg von der Küche. Ohne den täglichen Zwang, der früher damit verbunden war, ist es etwas ganz Besonderes, Pasta frisch zuzubereiten – ein Vergnügen, das vor der Verköstigung beginnt.

Tagliatelle al ragù und die Gewohnheiten der Sonntagstafel

Für die meisten Familien ist Sonntag der Tag für frische Pasta. Überhaupt ist der *pranzo della domenica* das beste Beispiel für die kulinarischen Gewohnheiten, von denen die Italiener sich selten trennen. So ist die Vorstellung nicht übertrieben, dass Küchen an einem Sonntagmorgen überall auf dem Land ähnlich aussehen: Auf dem Herd siedet ein Topf mit appetitanregendem *ragù di carne* (siehe S. 83) vor sich hin, und in einer Schale mit einer Vinaigrette aus Olivenöl, Zitronensaft und Salz liegt ein Zweig frischen Rosmarins, mit dem ab und an das Brathuhn (siehe S. 74) im Ofen bepinselt wird.
Auf dem Tisch liegt die *spianatoia*, das breite Nudelbrett, auf dem die Tagliatelle ausgerollt werden. Das ist das Zeichen, dass nach Tradition getafelt wird: Die Bandnudeln werden das Mittagessen wie fast jeden Sonntag eröffnen, wie fast immer begleitet vom *ragù*. Das ist die perfekte

Kombination, allein diese Pastasorte darf von dem außerhalb Italiens als Bolognese-Soße bekannten Fleischsugo begleitet werden. Denn die Porosität der Eierpasta ermöglicht es, kräftigere, gröbere Soßen gut aufzunehmen. Spaghetti haben hier wirklich nichts verloren!
Alle an der Tafel genießen den *primo piatto*. Die Arbeit, die damit verbunden ist, wissen sie bei jeder Gabel Pasta beglückt zu schätzen. Bei so viel Genuss könnte man die Mahlzeit schon hier beenden. Aber es ist Sonntag, die ganze Familie ist versammelt und *pollo arrosto, patate* sowie ein *dolce* sind auch nicht zu verachten. Zum Schluss freut man sich über eine heiße *tazzina di caffè*, ein Tässchen Espresso. Für die, die es mögen, steht auch noch der *ammazzacaffè* (der „Mörder des Espressos"), etwa ein Grappa oder Sambuca, bereit, der allem ein Ende setzt – bis zum Abendessen …

Der Teig

(Mengenangaben für etwa 600 g Teig, für 4–6 Personen)
Zweifellos ist bei der Zubereitung der Pasta etwas Übung nötig, sowohl beim Kneten als auch beim Ausrollen, und vor allem, wenn keine Pastamaschine zur Hand ist. Auch muss bedacht werden, dass Temperatur und Feuchtigkeit das Ergebnis beeinflussen. Die Belohnung ist in jedem Fall garantiert!

Teigtypen

All'uovo | mit Eiern
500 g Mehl (Type 405 oder „tipo 00") | 5 Bio-Eier | 1 TL Salz
für: Pappardelle, Tagliatelle (siehe S. 30), Tagliolini (siehe S. 69), Taglierini (siehe S. 30, 151), Lasagne (siehe S. 109), Maltagliati (siehe S. 30, 106), Quadrucci (siehe S. 151), Tortellini (siehe S. 151), Cappellacci (siehe S. 113) und weitere Pastasorten zum Füllen

Al farro | mit Emmermehl
300 g Mehl (Type 405 oder „tipo 00") | 200 g Emmermehl (oder Dinkelmehl) | 5 Bio-Eier | 1 TL Salz
für: typischerweise Tagliatelle, aber überall einsetzbar

Verde | mit Blattgemüse
500 g Mehl (Type 405 oder „tipo 00") | 3 Bio-Eier | 200 g gekochter, gut ausgepresster, pürierter Spinat oder Brennnesseln | 1 TL Salz
für: grüne Lasagne (siehe S. 109), Tagliatelle, aber überall einsetzbar

Senza uovo | ohne Eier
500 g Hartweizendunst | Wasser nach Bedarf | 1 TL Salz
für: Strangozzi (siehe S. 70), Pici oder Umbricelli (siehe S. 27), Orecchiette (siehe S. 70) und Trofie (siehe S. 69, 70)

Phase 1: Kneten

Auf einer sauberen Arbeitsfläche Mehl aufhäufen und in die Mitte eine Mulde drücken. Salz hinein streuen und abhängig vom Rezept ausschließlich Eier, oder Eier und püriertes Blattgemüse oder reines Wasser dazugeben. Mit einer Gabel nach und nach Mehl hineinrühren und anschließend so lang kneten, bis der Teig geschmeidig ist. Bei Bedarf ein wenig Wasser nehmen, aber in jedem Fall darauf achten, dass der Teig nicht nass wird. Je länger Sie kneten, desto elastischer wird er. Zum Schluss eine Kugel daraus formen und mit Frischhaltefolie umwickelt 30 Minuten im Kühlschrank (Eierteig) oder auf der Arbeitsfläche unter einem feuchten Tuch (Teig ohne Ei) ruhen lassen. Hinweise: Der Teig fühlt sich in der Regel eher hart an. Mit Hartweizenmehl braucht man etwas mehr Kraft beim Kneten.

Phase 2: Ausrollen

Mehl (besser Hartweizengrieß) auf die Arbeitsfläche streuen. Mit dem Handballen das Nudelholz über die Teigkugel von der Mitte nach außen hin und her rollen. Dann den Teig im Uhrzeigersinn drehen und so weiter arbeiten, bis ein grobes, rundes Teigblatt vorliegt. Dann das Blatt am unteren Rand mit einer Hand festhalten und mit der anderen das Nudelholz in der Mitte darüber rollen. Immer im Uhrzeigersinn arbeiten, bis das Blatt etwa 1 mm dick ist (Achtung: 5 mm für die Pici). Ab und an Mehl über die Fläche streuen. Wenn die Pasta gefüllt werden soll, direkt mit dem Schneiden fortfahren. Bei allen anderen Sorten das Teigblatt bedeckt kurz ruhen lassen. Beim Formen von Pastasorten ohne Ei kein Mehl auf die Arbeitsfläche streuen, sonst gleiten die einzelnen Teigstücke darauf und lassen sich nicht formen. Hingegen sollte fertige Pasta mit Mehl bestreut werden, sonst klebt sie.

Auch falls Sie es bei den ersten Versuchen nicht schaffen, den Pastateig wie Doriana auszurollen – Sie sind auf jeden Fall auf gutem Wege, wenn das Teigblatt das Licht durchlässt (siehe Doriana auf dem Bild). Anbei sind einige typische Pastasorten aufgelistet, die Sie mit unseren Rezepten ausprobieren können. Die angegebenen Werte sollen als Orientierung dienen.

Bandnudelsorten – Teigblatt (Dicke: 1 mm) rollen und mit einem scharfen Messer in Streifen mit der folgenden Breite schneiden: Pappardelle 15–20 mm; Tagliatelle 5–8 mm; Tagliolini 3–4 mm; Taglierini 1–2 mm; Strangozzi 5 mm. Die kleinen Rollen sofort auseinander nehmen.

Lasagne, Quadrucci, Maltagliati, Tortellini und Cappellacci – Teigblatt (Dicke: 1 mm) in den passenden Formen zurechtschneiden: Lasagne etwa 20 x 14 cm; Quadrucci 1 x 1 cm; Maltagliati in groben Rauten 3 x 2 cm (sie dürfen ruhig schlecht geschnitten sein, wie der Name sagt); Tortellini 5 x 5 cm als Quadrate oder rund mit 5 cm Durchmesser (wie auch Cappellacci).

Pici (grobe Spaghetti): Teigblatt (Dicke: 5 mm) in 5 mm dicke Streifen schneiden und diese einzeln zu dickeren Spaghetti rollen, indem Sie mit einer Hand eine Spitze festhalten.

Orecchiette („Öhrchen"): Aus dem Teig eine etwa fingerdicke Rolle formen und in 1 cm breite Stücke schneiden. Ein Messers an den Rand der Schnittfläche ansetzen und mit leichtem Druck zu sich ziehen, so dass der Teig sich leicht um die Messerspitze rollt. Das Teigstück in die Hand nehmen und mit den Daumen so von unten drücken, dass die von der Messerspitze aufgeraute Seite sich nach außen wölbt. Einige Stunden von beiden Seiten trocknen lassen.

Trofie (zugespitzte Kurznudeln): Aus einem Stück Teig eine murmelgroße Kugel formen, diese dann zwischen den Handflächen einige Male kräftig hin und her rollen, bis eine etwa 5 cm lange Nudel entsteht, die in sich leicht gewunden ist. Dicke und Länge können variieren. Prozedur wiederholen, bis der Teig aufgebraucht ist. Trofie etwas trocknen lassen.

Il Cerreto

Il Cerreto

Polpettone campagnolo

Ländlicher Hackbraten in Weinsoße

FÜR 4–6 PERSONEN

600 g Rinderhackfleisch
400 g frischer Spinat oder Mangold
100 g altes Brot
Milch
1 Prise Muskatnuss
3 Eier
70 g frisch geriebener Parmesan oder Grana Padano
abgeriebene Schale von 1 Bio-Zitrone
2 Knoblauchzehen
300 ml Rotwein
Salz, frisch gemahlener Pfeffer
Olivenöl

Salvatore sagt:
Falls die Fleischmischung zu feucht ist, helfen Sie sich mit etwas Paniermehl.

Es gibt Gerichte, die in Italien nur im Alltag gekocht werden und die es selten auf die Sonntagstafel schaffen. Doch sind es häufig gerade diese Rezepte, die auch Jahre später direkt beim ersten Bissen den vertrauten Geschmack von „zu Hause" hervorrufen.

■ Spinat oder Mangold waschen und in einem Topf mit gesalzenem Wasser blanchieren. Anschließend gut abtropfen lassen und fein hacken. Brot in einer Schüssel mit ausreichend Milch einweichen.

■ In einer großen Schüssel Fleisch mit Salz, Pfeffer und Muskatnuss würzen. Eier, Parmesan und Zitronenschale untermischen. Brot mit den Händen ausdrücken und in die Fleischmischung bröckeln. Spinat untermischen und alles gut vermengen. Mit den Händen einen dicken Zylinder formen.

■ In einem Topf Knoblauch in 4 EL Olivenöl anbraten, den Hackbraten dazugeben und von jeder Seite bei mittlerer Hitze garen. Sobald das gesamte Fleischstück Farbe angenommen hat, mit dem Wein ablöschen und kurz reduzieren; anschließend bei geschlossenem Deckel etwa 40 Minuten garen. Dabei den Hackbraten in regelmäßigen Abständen wenden.

■ Das Fleisch kurz stehen lassen, in Scheiben schneiden, mit dem Bratensaft beträufeln und servieren.

Agnello allo zafferano

Lammkoteletts in Safransoße

FÜR 4 PERSONEN

1 kg Lammkoteletts
2 Knoblauchzehen
3 Lorbeerblätter
1 Rosmarinzweig
2 Salbeiblätter
200 ml Weißwein
etwa 400 ml Gemüsebrühe (siehe S. 22) oder heißes Wasser
2 Döschen Safran (à 0,1 g)
Salz, frisch gemahlener Pfeffer
Olivenöl

Sobald der Herbst auch Italien kältere Tage beschert, tauchen die ersten *spezzatini* in den Menüs auf. Es sind deftige Gerichte, bei denen das Fleisch in mal mehr, mal weniger große Stücke geschnitten und in der Soße geschmort wird. Diese Art der Zubereitung ist sehr vielseitig und wird für Lamm, Rind, Schwein und Hähnchen gleichermaßen gerne eingesetzt.

■ Gemüsebrühe wie angegeben zubereiten. Knoblauch schälen und fein hacken. Fleisch waschen, mit Küchenpapier trocken tupfen und in grobe, mundgerechte Stücke schneiden.

■ Fleisch und Knoblauch in Olivenöl anbraten, bis das Fleisch von allen Seiten Farbe angenommen hat. Mit Wein ablöschen und kurz reduzieren. Kräuter dazugeben und alles mit 1/4 l heißer Brühe begießen. Salzen und pfeffern und etwa 40 Minuten zugedeckt bei niedriger Hitze köcheln lassen. Bei Bedarf mehr Brühe dazugeben. Zum Schluss Safran in einer Schale mit etwas Brühe oder heißem Wasser auflösen und in die Pfanne geben, kurz zusammen garen und sofort servieren.

Sedano ripieno al forno

Überbackener gefüllter Sellerie

FÜR 4–6 PERSONEN

600 g Hackfleischmischung für Polpettone (siehe S. 118, ohne Spinat)
4 Selleriestauden
2 Eier
Mehl
Sonnenblumenöl zum Frittieren
400 g einfache Tomatensoße (siehe S. 83) oder 1 Dose stückige Tomaten
frisch geriebener Parmesan oder Grana Padano
Salz

Zusammen mit Karotten und Zwiebeln bildet der Sellerie die Triade der Zutaten, die in keiner Basiszubereitung fehlen, sei es ein *ragù* oder ein *brodo*. *Odori*, Gerüche, nennt man sie, und das Vermitteln von Aromen ist in der Regel ihr einziges Ziel, denn allzu selten sind sie selbst für den Genuss bestimmt. In diesem Rezept jedoch zeigt der Sellerie, was er eigentlich kulinarisch leisten kann.

■ Zuerst die Hackfleischmischung und die Tomatensoße wie angegeben vorbereiten.

■ Sellerie waschen und den oberen Teil mit den Blättern abschneiden. Mit einem scharfen Messer auch das Innere vorsichtig herausschneiden, sodass die Stangen nicht zerbrechen. In gesalzenem Wasser senkrecht kochen, bis er bissfest ist. In einem Sieb abtropfen und abkühlen lassen.

■ Jede Staude mit etwa 150 g Fleischmischung (roh) füllen. Die Stangen rund um das Fleisch gut zusammendrücken.

■ In einer großen Pfanne Sonnenblumenöl erhitzen. Den Backofen auf 180 °C vorheizen.

■ Eier in einer Schüssel mit Salz verquirlen. Mehl auf einem Teller bereitstellen. Gefüllten Sellerie zuerst in Mehl, dann in Ei wenden und anschließend frittieren. Mit einem Schaumlöffel aus der Pfanne nehmen und auf Küchenpapier abtropfen lassen.

■ Eine große Auflaufform mit Butter fetten und Sellerie hineinlegen. Mit der Tomatensoße begießen und reichlich Parmesan darüberstreuen. Im Ofen 40 Minuten garen, bis sich eine goldbraune Kruste gebildet hat.

Salvatore sagt:
Wenn die Selleriestücke zu groß sind, können Sie sie vor dem Servieren halbieren und mit etwas Tomatensoße auf Tellern anrichten. Für dieses Gericht können Sie auch Bolognese-Soße verwenden.

Coniglio alla cacciatora

Kaninchen nach Jägerinnen-Art

FÜR 4 PERSONEN

1 Kaninchen, etwa 2 kg
1/2 Zwiebel
1 kleine Stange Staudensellerie
1 kleine Karotte
2 Knoblauchzehen
2 Rosmarinzweige
2 frische Salbeiblätter
100 ml Weißwein
400 g einfache Tomatensoße (siehe S. 83) oder 1 Dose stückige Tomaten
200 ml Gemüsebrühe (siehe S. 22) oder heißes Wasser
Salz, frisch gemahlener Pfeffer
Olivenöl

Deftige, vollmundige Gerichte wie dieses wurden früher gerne für die Bauern während besonders harter Phasen der Feldarbeit in den kälteren Monaten gekocht. Doriana erzählt, dass dazu eine einfache *focaccia* gereicht wurde – schließlich musste ja auch der leckere *sughetto* (Soße) verzehrt werden, und das erledigte man am besten mit einer *scarpetta*, mit dem Eintunken von Broten. Probieren Sie es selbst, auch normales, außen knuspriges, italienisches Landbrot erfüllt hier seinen Zweck.

■ Knoblauch, Zwiebel, Sellerie und Karotte schälen und alles grob hacken.

■ Das Kaninchen waschen, trocken tupfen und in mehrere Stücke zerlegen. In einer breiten, hohen Pfanne Fleisch mit Knoblauch und Gemüse bei mittlerer Hitze anbraten. Rosmarin und Salbei mit Küchengarn zusammenbinden und dazugeben. Mit Salz und Pfeffer würzen. Fleisch rundherum Farbe annehmen lassen.

■ Wenn der Bratensatz eingekocht ist, mit Wein ablöschen. Einreduzieren lassen, die Tomaten dazugeben, den Deckel auflegen und etwa 30 Minuten bei geringer Hitze schmoren. Bei Bedarf heiße Brühe oder, falls nicht zur Hand, Wasser hinzufügen.

Doriana sagt:
Die Cacciatora lässt sich ebenso mit Hähnchen, Truthahn oder Perlhuhn zubereiten.

Orata al cartoccio

Dorade in der Papierhülle

Für 4 Personen

4 mittelgroße Doraden (jeweils etwas 250 g), küchenfertig
4 Knoblauchzehen
4 kleine Rosmarinzweige
16 Kirschtomaten
Salz, frisch gemahlener Pfeffer
8 Blätter Kochpergament oder Alufolie

Salvatore sagt:
Wenn sich das Päckchen gewölbt hat, ist der Fisch gar.

Die Zubereitungsmethode in der Papierhülle ist sehr beliebt bei Fischgerichten: Dabei wird der Fisch schonend gedämpft und geschmort. Der Dorade aus dem Mittelmeer bekommt diese Garmethode besonders gut, da ihr Fleisch sehr mild schmeckt.

■ Den Backofen auf 120 °C vorheizen. Fisch unter fließendem Wasser abspülen, dann mit Küchenpapier trocken tupfen. Knoblauch schälen und in dünne Scheiben schneiden, Rosmarin und Tomaten waschen. Fischhaut rundherum einschneiden, salzen und pfeffern.

■ Jeden Fisch auf zwei Blätter Pergamentpapier legen, salzen und Knoblauch, Tomaten und Rosmarinzweige darauf verteilen. Um die Päckchen zu verschließen, die Papierränder oberhalb des Fisches zusammenrollen.

■ Auf ein Backblech legen und auf mittlerer Schiene in den Ofen schieben. Etwa 40 Minuten backen.

Sgombro cotto nella foglia di fico

In Feigenblättern gegarte Makrele

Für 4 Personen

4 mittelgroße oder 8 kleine Makrelen, küchenfertig
1–2 EL getrockneter Oregano
Feigenblätter
Salz
Olivenöl
Zitronenschnitzen zum Servieren

Salvatore sagt:
Falls Sie keine Feigenblätter finden, benutzen Sie Zitronen- oder Weinblätter. Auch Bananenblätter aus dem Asia-Shop sind eine Option.

Dieses erstaunlich einfache Rezept wurde von einem 2000 Jahre alten Thunfisch-Rezept aus einem der ersten Rezeptbücher der Geschichte inspiriert. Geschrieben hat es der Sizilianer Archestratos von Gela. Vielleicht wegen der gemeinsamen Herkunft fühlt sich Salvatore diesem Rezept besonders verbunden.

■ Den Backofen auf 180 °C vorheizen. Die Makrelen unter fließendem Wasser abspülen. Mit Küchenpapier trocken tupfen und die Fische innen mit Salz und Oregano würzen. Die Fische in die Feigenblätter einrollen und mit Küchengarn festbinden.

■ Entweder im Backofen in einer Auflaufform oder alternativ auf dem Grill ca. 30 Minuten garen. Nach der Hälfte der Zeit wenden. Mit einem *filo d'olio* beträufeln und mit Zitronenschnitzen servieren.

vegetarisch

Fritturina di cavolfiore

Frittierter Blumenkohl

FÜR 4 PERSONEN

1 großer Blumenkohl
Sonnenblumenöl zum Frittieren
3 Eier
Mehl
Salz, frisch gemahlener Pfeffer

In den typischen *trattorie* auf dem Land wird nicht selten die knusprige *fritturina* angeboten. Dies ist ein Gericht mit kleinen, frittierten Gemüsestücken, das große Beliebtheit genießt. Der Blumenkohl ist dafür wie geschaffen.

■ Blumenkohl waschen. In einem großen Topf gesalzenes Wasser zum Kochen bringen, Blumenkohl darin *al dente* garen. Anschließend in Röschen teilen.

■ Sonnenblumenöl in einer Pfanne erhitzen.

■ Eier in einer Schüssel verquirlen, salzen und pfeffern. Mehl auf einem Teller vorbereiten. Blumenkohlröschen zunächst in Mehl wenden, dann in die Eiermasse geben. Nach und nach im heißen Öl frittieren, bis sie goldbraun und knusprig sind. Mit einem Schaumlöffel aus der Pfanne nehmen und auf Küchenpapier abtropfen lassen. Salzen und sofort servieren.

vegan

Insalata di radicchio trevigiano

Salat mit Radicchio di Treviso

FÜR 4 PERSONEN

4 Köpfe Radicchio di Treviso (länglich)
Salz, frisch gemahlener Pfeffer
Olivenöl

Salvatore ist Purist und liebt diesen Salat ganz einfach zubereitet. Da er den schönen, länglichen Radicchio di Treviso in ganzen Stücken serviert, ist er absolut dafür, ihn wie bei einem Pinzimonio mit den Händen zu genießen. Die rot-weißen Blätter sind knackig und schmecken süßlicher als die der anderen Radicchio-Sorten. Sollten Sie nur den runden Radicchio di Chioggia gefunden haben, können Sie seinen bittereren Geschmack mit Walnüssen und Parmesanspänen ausgleichen.

■ Den Radicchio vorsichtig waschen und die äußeren Blätter entfernen. Den Strunk so abschneiden, dass die Blätter noch zusammen bleiben, dann 1 Stunde in kaltes Wasser legen. Anschließend abtropfen lassen und vorsichtig vierteln. Auf einem Teller anrichten, mit Salz und Pfeffer abschmecken und mit reichlich Olivenöl beträufeln.

Salvatore sagt: Die äußeren Blätter eignen sich perfekt für eine feine Spaghettisoße. Hierzu die Radicchioblätter fein hacken, in einer Pfanne mit einer dünn geschnittenen Schalotte in Olivenöl anbraten, salzen und mit etwas Weißwein ablöschen. Spaghetti kochen und einfach dazugeben. Nudelwasser und Öl hinzufügen, wenn die Spaghetti zu trocken sind. Geriebener Pecorino ist eine köstliche Ergänzung.

vegan

Carciofi alla romana

Artischocken auf römische Art

FÜR 4 PERSONEN

8 mittelgroße Artischocken
Saft von 1 Zitrone
1 Bund Bergminze oder Petersilie
2 Knoblauchzehen
8 EL Paniermehl
Salz, frisch gemahlener Pfeffer
Olivenöl

Die Geschicklichkeit mancher Gemüsehändler beim Schälen von Artischocken ist einfach erstaunlich: Im Nu können sie ganze Körbe füllen und ihre Kunden damit glücklich machen, dass ihnen diese mühselige Arbeit erspart bleibt. In den kälteren Monaten gehört das Blütengemüse mit seinem feinherben Geschmack zu Italiens beliebten Beilagen. Die traditionellen Rezepte aus dem Latium – wie dieses – rangieren immer noch auf den vorderen Plätzen der Bestenliste.

■ Artischocken waschen, äußere, dunklere Blätter abzupfen und die Spitzen abschneiden. Stiele so schälen, dass sie eine leichte Spitze am Ende haben. Die Blätter in der Mitte der Artischocken mit den Fingern leicht nach außen drücken und das Heu in der Mitte mithilfe eines Teelöffels oder eines scharfen Messers sorgfältig entfernen. In eine große Schüssel Wasser und Zitronensaft geben und Artischocken hineinlegen.

■ Minze waschen und fein hacken. Knoblauch schälen, fein hacken und in einer Schüssel mit Paniermehl und Bergminze vermengen. Mit Salz und Pfeffer würzen.

■ Artischocken aus dem Wasser nehmen, abtropfen lassen und mit der Paniermehl-Mischung zwischen den Blättern füllen. Artischocken mit dem Stiel nach oben in einen großen Topf setzen und etwa bis zur Hälfte mit Wasser bedecken. Salzen und pfeffern, mit Olivenöl beträufeln und bei geringer Hitze bedeckt etwa 40 Minuten garen.

Salvatore sagt:
Sie können die Artischocken auch im Backofen garen, indem Sie diese wie oben angegeben in eine Auflaufform stellen und etwa 1 Stunde bei 180 °C backen.

Calzone di cipolle pugliese

Zwiebelkuchen nach apulischer Art

Für 8–10 Personen

für den Teig
10 g frische Hefe
1 Prise Zucker
400 g Mehl (Type 550)
2 TL Salz
2 EL Olivenöl
150 ml lauwarmes Wasser

für die Füllung
500 g weiße Zwiebeln
4 Sardellenfilets
200 g Kirschtomaten
100 g schwarze entsteinte Oliven
50 g frisch geriebener Pecorino
Olivenöl

Salvatore sagt:
In Apulien benutzt man für diese sehr beliebten Calzone den sponsale, *eine Zwiebelsorte, die selbst in Italien nicht leicht zu finden ist. Er ähnelt in der Form Lauch, ist aber viel süßlicher im Geschmack.*

Diese Mischung aus Zwiebeln, Sardellenfilets und Oliven ist ein Klassiker der süditalienischen Küche. Die Süße der Zwiebel kombiniert mit salzig-würzigen Sardellen und Oliven ist unverwechselbar. Zwiebel-Liebhaber werden mit dieser *pizza farcita* (gefüllte Pizza) sicherlich auf ihre Kosten kommen.

■ Hefe in einer kleinen Schale zerbröckeln, Zucker dazugeben und mit etwas lauwarmem Wasser bedecken. Rühren, bis sich die Hefe aufgelöst hat und etwa 15 Minuten beiseitestellen, bis Bläschen zu sehen sind.

■ Mehl in eine große Schüssel geben und in die Mitte eine Mulde drücken. Die Hefe hineingießen und Salz und Olivenöl dazugeben. Die gesamte Wassermenge langsam hinzufügen und mit einer Gabel nach und nach das Mehl in die Flüssigkeit einrühren, bis sich ein grober Teig gebildet hat. Den Teig nun mit den Händen auf einer bemehlten Arbeitsfläche geschmeidig kneten. Alternativ alles in einer Küchenmaschine so lange bearbeiten, bis der Teig glatt ist. Mit einem sauberen Tuch bedecken und an einem warmen Ort über mehrere Stunden gehen lassen.

■ Zwiebeln schälen und in Würfel schneiden. In einem tiefen Teller mit 5 EL Olivenöl durchziehen lassen.

■ Sardellen fein hacken. Tomaten waschen und halbieren.

■ In einer Pfanne Zwiebeln mit dem Öl bei geringer Hitze andünsten, bis sie weich sind, dann Sardellen hinzufügen. Oliven und Tomaten untermischen, salzen und alles kurz scharf anbraten. Zum Schluss Hitze ausstellen und Pecorino dazugeben.

■ Den Backofen auf 200 °C vorheizen.

■ Eine Tarteform (ø 28 cm) mit Backpapier auslegen. Den Pizzateig halbieren und zwei Böden auf einer bemehlten Arbeitsfläche ausrollen, wobei einer etwas kleiner und der andere etwas größer als die Tarteform sein soll. Die Form mit dem größeren Boden so auslegen, dass ein hoher Teigrand entsteht. Den Teig mit Öl bestreichen und die Füllung darauf verteilen. Den zweiten Boden darauflegen, die überstehenden Ränder des ersten Bodens umklappen und mit einer Gabel gut andrücken, damit er dicht verschlossen ist. Die gesamte Fläche mit Öl bestreichen und im Ofen auf der mittleren Schiene etwa 30 Minuten backen.

Ciambelle con anice & uvetta

Anis-Rosinen-Kringel

FÜR CA. 10 KRINGEL

20 g frische Hefe
600 g Mehl (Type 550)
1 Prise Salz
2 Eier
150 g Zucker
abgeriebene Schale von 1 Bio-Zitrone
100 ml Milch
150 ml Olivenöl
150 g Rosinen
15 g Anissamen

Die Kombination von Anis und Rosinen hat geschmacklich etwas Rustikales und gleichzeitig Raffiniertes an sich. In der Landküche wird Olivenöl häufig anstatt von Butter in Kuchen verwendet. Gebäck wie dieses ist für ein Frühstück *all'italiana* oder für einen Snack unterwegs ideal.

■ 500 g Mehl in eine große Schüssel geben und in der Mitte eine Mulde formen. Die Hefe hineinbröckeln, 1 Prise Zucker und 2 bis 3 EL lauwarmes Wasser dazugeben. Die Hefe darin verrühren, bis sie sich ganz aufgelöst hat. Etwa 15 Minuten aufgehen lassen, bis Bläschen zu sehen sind.

■ Dann Milch und Olivenöl dazugeben, Mehl nach und nach einarbeiten und zum Schluss alles mit den Händen kneten, bis der Teig glatt ist. Alternativ alles in einer Küchenmaschine so lange bearbeiten, bis der Teig glatt ist. Beiseitestellen und an einem warmen Ort zugedeckt ca. 2 Stunden gehen lassen.

■ Eier mit Zucker und Zitronenschale verquirlen und nach und nach zum Teig geben. Nur so viel restliches Mehl einarbeiten, bis der Teig sich von der Schüssel löst. Zum Schluss Rosinen und Anissamen einstreuen und gut vermengen.

■ Teig auf eine bemehlte Arbeitsfläche legen und gut durchkneten, in etwa 10 Kugeln teilen und diese dann zu Kringeln formen. Mit einem sauberen Küchentuch abdecken und nochmals gehen lassen. Währenddessen den Backofen auf 180 °C vorheizen.

■ Backpapier auf ein breites Blech legen und die Kringel darauf verteilen. Zwischen den Kringeln ausreichend Raum lassen, damit sie beim Backen nicht aneinander kleben. 25 Minuten backen, bis sie goldbraun sind. Vor dem Servieren abkühlen lassen.

vegan

Rocciata

Umbrischer Apfelstrudel

FÜR 2 MITTELGROSSE STRUDEL ODER 1 GROSSEN STRUDEL

für die Füllung
300 g Birnen
500 g Äpfel
150 g Rosinen
200 g Walnüsse
100 g getrocknete Pflaumen
200 g getrocknete Feigen
10 g Anissamen
80 g Pinienkerne
50 g Kakaopulver
200 g Zucker
fein abgeriebene Schale von 1 Bio-Zitrone
1/2 TL geriebene Muskatnuss
4 EL Anislikör (z. B. Mistrà Varnelli) oder Vin Santo

für den Teig
250 g Mehl
3 EL Zucker
Olivenöl

Man sagt, die Ähnlichkeit zum Strudel sei kein Zufall bei der Rocciata, dem Kuchen, der in manchen Gegenden Umbriens traditionell an Allerseelen gereicht wird. Die eroberte heimische Bevölkerung soll sie von den Langobarden übernommen und dann nach ihrem Geschmack abgewandelt haben. Doriana geht noch einen Schritt weiter: Ihre Version ist ein wahrer *tripudio di sapori*, ein Fest von Aromen.

■ Für die Füllung Äpfel und Birnen waschen, schälen, die KErngehäuse entfernen und das Fruchtfleisch in dünne Streifen schneiden. Rosinen in Wasser einweichen. Walnüsse grob hacken. Pflaumen und Feigen in kleine Würfel scheiden.

■ In einer großen Schüssel Obst und Nüsse vermengen, Anissamen und Pinienkerne untermischen, Kakao, Zucker, Zitronenschale, Muskatnuss und Anislikör dazugeben und alles gut vermischen. Anschließend durchziehen lassen.

■ Für den Teig Mehl in eine Schüssel geben und eine Mulde in die Mitte drücken. 4 EL Olivenöl, Zucker und etwas Wasser dazugeben. Mehl nach und nach einarbeiten und so viel Wasser hinzufügen, bis der Teig glatt ist und sich von der Schüssel löst. Mit einem sauberen Tuch abdecken und ruhen lassen.

■ Den Backofen auf 190 °C vorheizen. Auf einer bemehlten Arbeitsfläche den Teig halbieren und zwei dünne Böden ausrollen. Füllung jeweils auf den Teigflächen verteilen und zu Strudeln aufrollen. Backpapier auf ein breites Blech legen und die beiden Strudel darauf legen. Im vorgeheizten Ofen 30 Minuten backen.

Doriana sagt:
In Umbrien gibt man der Rocciata typischerweise eine leichte Spiralform. Auch wird sie bei uns nach dem Backen mit Alchermes, einem roten Likör, beträufelt. Die Rocciata hält sich im Kühlschrank mindestens 1 Woche.

Formaggio & marmellata di mele cotogne

Käse & Quittenkonfitüre

FÜR CA. 6–8 TWIST-OFF-GLÄSER (JE 106 ML)

1 kg Bio-Quitten
2 Bio-Zitronen
400 g Zucker
Ricotta, mittelalter Pecorino oder Caprino (Ziegenkäse)

Zu Anfang des Herbstes sind diese Früchte ein wahrer Blickfang, so prächtig und goldgelb leuchten sie uns aus den zierlichen Sträuchern entgegen. Diese Qualität erhalten sie sich auch nach dem Garen, wenn die säuerliche, leicht körnige Konfitüre überraschend das herrliche Rot von Korallen annimmt. Quittenkonfitüre schmeckt auch köstlich auf geröstetem Brot zum Frühstück.

■ Früchte waschen und mit Küchenpapier leicht abreiben, um den Flaum zu entfernen. Dann vierteln, Kerngehäuse entfernen und Obststücke in einer großen Schüssel mit ausreichend Wasser bedecken. Eine Zitrone waschen, in Spalten schneiden und dazugeben.

■ Quitten abtropfen lassen und mit dem Zucker vermengen. In einen großen Topf geben und bei niedriger Hitze zugedeckt köcheln lassen. Dabei immer wieder umrühren und bei Bedarf etwas Wasser hinzufügen. Die Konfitüre ist fertig, sobald sie eine korallenrote Farbe angenommen hat. Sofern erwünscht, mit dem Pürierstab pürieren, bis eine sämige Konsistenz entsteht.

■ Die sterilisierten, noch warmen Einmachgläser (siehe unten) bis 1 cm unter dem Rand füllen, gut verschließen und einige Minuten auf den Kopf stellen. Dann umdrehen und bedeckt mit einem Tuch langsam abkühlen lassen. Zu frischem Ricotta, Pecorino oder Caprino servieren.

Salvatore sagt:
Quittenschale enthält genügend Pektin, um die richtige Konsistenz ohne Zusatz von Geliermitteln zu erreichen. Kaufen Sie dafür unbedingt Früchte, die unbehandelt sind oder aus biologischem Anbau stammen. Um die Einmachgläser zu sterilisieren, waschen Sie sie davor mit allen Teilen sorgfältig und stellen sie auf ein sauberes Küchentuch. Dann legen Sie sie in einen mit Wasser befüllten großen Topf und tun ein oder mehrere Baumwolltücher so um die Gläser, dass sie beim Kochen nicht gegeneinander stoßen können. Bringen Sie alles langsam zum Kochen und lassen die Gläser 30 Minuten bei niedriger Hitze köcheln. Die Gläser sollen im Wasser abkühlen und noch warm sein, wenn sie gefüllt werden.

Il formaggio – Käse

Seadas
Pecorino-Taschen mit Honig

500 g Hartweizendunst | Olivenöl | 400 g Pecorino Primosale | abgeriebene Schale von 1 Bio-Zitrone Honig | Salz | Sonnenblumenöl zum Ausbacken

Dies ist ein typisches Süßgebäck aus Sardinien, das ursprünglich kein Dessert war und ohne Honig serviert wurde.

Mehl mit 300 ml lauwarmem Wasser und 3 EL Öl in einer Schüssel verkneten, bis der Teig glatt ist. Alternativ alles in der Küchenmaschine verarbeiten. Anschließend ruhen lassen. In einem Topf Käse mit Zitronenschale und 100 ml Wasser erwärmen, bis eine dickflüssige Creme entsteht. Dann Hitze ausstellen, 2 EL Hartweizendunst unterrühren und abkühlen lassen. Den Teig dünn ausrollen und mit Hilfe einer Tasse mehrere Kreise ausstechen. Mit feuchten Händen runde, etwa 5 mm dicke Fladen, die etwas kleiner als die Teigkreise sind, aus der Käsemasse formen. Diese auf die Hälfte der Teigkreise verteilen, mit den restlichen Kreisen bedecken und die Ränder gut verschließen. In einer Pfanne reichlich Sonnenblumenöl erhitzen und die Seadas beidseitig goldbraun ausbacken. Währenddessen Honig bei niedriger Hitze erwärmen und flüssig werden lassen. Die heißen Seadas damit beträufeln und sofort servieren.

Wenn man in den „Bacco Felice", die damalige Osteria von Salvatore, eintrat, kam man zunächst in einen Vorraum mit Tresen und Hockern. Die Gäste, die auf ihren Tisch warteten, ließen sich dort Salvatores sizilianischen *aperitivo* munden – ein Glas guten Weins, *olive schiacciate* (zerdrückte Oliven), Pecorino Piacentinu Ennese sowie eingelegtes Gemüse. Es war aber vor allem die Käsevitrine, die sich sofort appetitanregend bemerkbar machte, oder, besser gesagt, der Duft, der sich von dort im Raum verbreitete. Vor allem seine umbrischen Gäste konnten sich bei ihm auf eine überregionale Auswahl freuen. Zwar veränderte sich die Käseauswahl in Salvatores duftender Vitrine im Laufe der Zeit, aber eine Grundausstattung war immer vorhanden:

Der Piacentinu Ennese ist „Salvatores Pecorino". Er wird in seiner Gegend, in der Provinz von Enna in Sizilien, produziert. Der Piacentinu, zu 100 % aus Schafsmilch, zeichnet sich durch einen milden Geschmack im Vergleich zu anderen sizilianischen Pecorinosorten aus. Die Zugabe von Safran sorgt für die gelbe Farbe und die leicht süßliche Note, die einen interessanten Kontrast zu den scharfen Pfefferkörnern bildet.

Als weiteren sizilianischen Pecorino bot Salvatore den jungen und milden Tuma Primosale an. Der Name Tuma sorgt immer für leichte Verwirrung, da dies auch die allgemeine Bezeichnung der ersten Reifungsstufe von Pecorino ist (siehe unten).

Aus dem Norden (Lombardei) war der kräftige Gorgonzola vertreten. Dieser Blauschimmelkäse ist als *dolce* sehr cremig und wird vor allem aufs Brot gestrichen, während der *piccante* härter ist. Im Herbst servierte Salvatore den Gorgonzola oft zum Sedano Nero di Trevi, einer alten Selleriesorte, die in der Gegend wächst.

Darüberhinaus hatte Salvatore immer aromatischen Caprino (Ziegenkäse) aus Cascia, einer umbrischen Kleinstadt, die zusammen mit Norcia die Hochburg der Wurst- und Käseproduktion Umbriens bildet.

Die Klassiker Italiens

Fast 500 Käsesorten sind in Italien offiziell registriert. Hier haben wir für Sie die allerwichtigsten zusammengestellt:
Der Parmesan wird oft als „König" aller italienischen Käsesorten bezeichnet: Süß-würzig im Geschmack, leicht körnig in der Struktur verdient er diese Bezeichnung aber auch aufgrund weiterer Eigenschaften. So wird zum Beispiel ausschließlich Milch von Kühen verarbeitet, die mit Gras oder Heu gefüttert wurden. Das unterscheidet ihn vom Grana Padano,

seinem „Verwandten" aus der Poebene. Die zwei Hartkäse, die unter dem Sammelbegriff *grana* (Korn) stehen, reifen unterschiedlich lange: mindestens 12 Monate beim Parmigiano und 9 beim Grana Padano.

Ein weiterer bedeutender Hartkäse, aber aus Schafsmilch, ist der in vielen Regionen hergestellte Pecorino. Der Pecorino sardo ist eher mild im Geschmack, wohingegen der Pecorino romano recht pikant ist und vor allem als Reibekäse verwendet wird. Man unterscheidet vier Reifestufen: *tuma* (ohne Zugabe von Salz und daher für den sofortigen Verzehr), *primosale* (1 Monat Reifung), *secondosale* (auch *semistagionato*; 4 Monate) und *stagionato* (längere Reifungsperioden).

Der Provolone (Norditalien), besonders in der Version *piccante*, ist ein recht scharfer Hartkäse, der zu den Knetkäsen, *formaggi a pasta filata*, gehört. Bei diesen wird die Bruchmasse zu langen Fäden ausgezogen, was ihre Birnenform erklärt. Filatakäse sind auch der mild süß-säuerliche, oft geräucherte Scamorza (Abruzzen) und der Mozzarella, ursprünglich aus Kampanien, dort vor allem aus der intensiveren Büffelmilch hergestellt.

Zu den Frischkäsesorten zählt der Ricotta. Dieser ist streng genommen kein Käse, sondern ein Milcherzeugnis, das aus der Molke hergestellt wird, die während der Produktion von z. B. Mozzarella oder Pecorino anfällt. Neben der milderen Sorte aus Kuhmilch und der stärkeren aus Schafsmilch (Ricotta romana) gibt es eine gemischte Sorte. Der harte und sehr pikante Ricotta Salata wird nur zum Reiben benutzt.

Composta di cipolle rosse
Zwiebelkonfitüre

für etwa 6 Twist-Off-Gläser (je 106 ml)

1 kg rote Zwiebeln | 2 rote Äpfel
500 g Zucker

Doriana serviert die Zwiebelkonfitüre immer zu einem Käseteller. Ihre Gegend ist bekannt für die roten *cipolle di Cannara*, deren Anbau historische Wurzeln hat.

Zwiebeln und Äpfel schälen und vierteln, in einem großen Topf den Zucker untermischen und bei niedriger Hitze 1 Stunde köcheln lassen. Alles pürieren. Wenn die Konfitüre noch zu dickflüssig ist, weiter köcheln lassen. Dann in sterilisierte Twist-Off-Gläser (siehe S. 136) füllen, zuschrauben und einige Minuten auf den Kopf stellen. Dunkel lagern.

Inverno
Winter

Endlich ist es soweit, das neue Öl ist da. Das Schöne an Olivenöl ist, dass man sofort erfährt, ob das Jahr es gut gemeint hat: Sobald die ersten Säcke frisch geernteter Oliven in die Mühle kommen, ist es nur eine Frage von Stunden, bis auch die ersten Tropfen Öls – noch prickelnd und säuerlich – auf einer knusprigen Scheibe *bruschetta* gekostet werden können.

In der Küche werden jetzt wärmende Eintöpfe, jede Art von Kohl, deftige *spezzatini* (Ragouts) und von Kräutern umhüllte *arrosti* zubereitet. Nichts erweckt im Winter die Lebensgeister besser als eine heiße Brühe mit selbstgemachten Tortellini.

Weihnachten und Silvester stehen auch schon vor der Tür und Doriana und Salvatore müssen für die *vigilia* (Heiligabend), den ersten Weihnachtsfeiertag und den Silvesterabend je ganz unterschiedliche Menus vorbereiten. Erst in den frühen Monaten des neuen Jahres werden sie sich eine verdiente Pause gönnen.

Bagna Cauda

Warme Sardellen-Knoblauch-Soße

FÜR 6–8 PERSONEN

für die Soße
4 Knoblauchzehen
30 g Butter
100 g Sardellenfilets
1/4 l Olivenöl

für das Gemüse
eine Mischung aus rohem Gemüse der Saison wie rote Paprikaschoten, Artischockenherzen, Topinambur, Chicorée, Endiviensalat, Radicchio, Radieschen, Karotten

Knackiges rohes Gemüse kann man auch im Winter genießen. Und wenn es dazu noch ein bisschen Wärme sein darf, dann ist die würzige Bagna Cauda perfekt. Das Gemüse wird in einen gemeinsamen Topf getunkt – mit der passenden Begleitung durch einen Barolo, einen Chianti Classico oder einen Amarone, wird der Abend ein großer Erfolg.

■ Knoblauch schälen und fein würfeln. Butter in einem Topf bei niedriger Hitze zergehen lassen, Knoblauch, Sardellenfilets und Olivenöl dazugeben und so lange garen, bis eine sämige Soße entstanden ist.

■ Gemüse in längliche Streifen schneiden. Die Soße in eine Keramikschale füllen und auf ein Stövchen stellen. Die Gemüsesticks dazu reichen.

Salvatore sagt:
Es gibt eine weitere Version dieses Rezepts, bei der vorab der Knoblauch in 1/4 l Milch zum Kochen gebracht wird. Die Sardellen werden währenddessen in einem Topf in Olivenöl „geschmolzen" und zur Milch gegeben.

Insalata di aringhe & arance

Hering-Orangen-Salat

FÜR 4 PERSONEN

4 Salzheringe
etwas Milch
8 Orangen
2 Frühlingszwiebeln
Salz, frisch gemahlener Pfeffer
Olivenöl

Salvatore sagt:
Ich nehme gerne sizilianische Tarocco-Orangen für dieses Rezept. Es sind kleine, süßliche Früchte, aus denen man leckeren Saft pressen kann. Sie können auch Saftorangen nehmen. Dieses Rezept ist auch mit Räucherlachs köstlich.

Salvatore erinnert daran, dass eingelegte oder getrocknete Heringe bis zur Mitte des 20. Jahrhunderts gerne als natürliche Geschmacksverstärker genutzt wurden: Legte man ein Stück Hering in die Mitte einer Polenta-Platte oder rieb den getrockneten Fisch auf Brotscheiben, hatte man schnell einer ärmlichen Mahlzeit auf die Sprünge geholfen.

■ Heringe in eine Schale mit Milch legen und beiseitestellen.

■ Orangen waschen und sorgfältig schälen. Die weiße Haut sollte vollständig entfernt sein. Anschließend Filets herausschneiden und in eine Salatschüssel legen. Frühlingszwiebeln waschen, die äußere Schicht entfernen und den Rest in dünne Ringe schneiden.

■ Heringsfilets aus der Milch nehmen und mit Küchenpapier trocken tupfen, anschließend in Streifen schneiden.

■ Alle Zutaten zu den Orangen geben, mit Salz und Pfeffer abschmecken und mit Olivenöl beträufeln. Vor dem Servieren kalt stellen.

vegan

Ribollita

Toskanische Gemüsesuppe

FÜR 4 PERSONEN

250 g getrocknete Bohnen (Cannellini oder Borlotti)
1 EL Natron
300 g Cavolo Nero Toscano (Palmkohl; ersatzweise Grünkohl oder Wirsing)
250 g Mangold
250 g Wirsing
2 kleine rote Zwiebeln
2 kleine Kartoffeln
1 Stange Staudensellerie
400 g einfache Tomatensoße (siehe S. 83) oder 1 Dose stückige Tomaten
4 Scheiben italienisches Landbrot vom Vortag
Salz, frisch gemahlener Pfeffer
Olivenöl

Obwohl der Name dieses Eintopfs schon verrät, dass man ihn am besten „erneut gekocht" genießt, werden Sie von dieser *minestrone alla toscana* auch am Tag der Zubereitung nicht enttäuscht. Salvatore behauptet, dass er für den Palmkohl jedes Jahr den Urlaub am Meer opfert, denn die jungen Pflanzen werden im Hochsommer gepflanzt. Im späten Herbst und im Winter blickt er dann beglückt auf die ordentlichen Reihen in seinem Garten, in denen der dunkelgrüne Gemüsekohl aus der Toskana mit seinen langen, blasigen Blättern reif geworden ist und freut sich auf den deftigen Eintopf, den er damit zubereiten wird.

■ Die Bohnen über Nacht mit Natron in Wasser einweichen.

■ Palmkohl, Mangold und Wirsing waschen, Blätter vom Strunk abzupfen und fein schneiden.

■ Zwiebeln, Kartoffeln und Sellerie schälen, fein hacken und in einem großen Topf in reichlich Olivenöl bei niedriger Hitze andünsten, ohne dass sie Farbe annehmen. Die abgetropften Bohnen und Tomaten zufügen, umrühren und mit etwa 2 l Wasser ablöschen. Dann aufkochen und zugedeckt bei niedriger Hitze 2 Stunden köcheln lassen.

■ Palmkohl, Mangold und Wirsing untermischen, mit Salz und Pfeffer abschmecken und weitere 20 Minuten köcheln lassen. Vom Herd nehmen und über Nacht kalt stellen. Am nächsten Tag wieder erhitzen, aber nicht mehr kochen. Währenddessen das Brot rösten, mit Knoblauch einreiben und in die Suppenteller legen. Die Ribollita darauf verteilen, mit einem *filo d'olio* beträufeln und servieren.

Misticanza di legumi
Hülsenfrüchte-Allerlei

Suppe und kalter Salat
FÜR 4 PERSONEN

je 180 g Borlotti-Bohnen, Kichererbsen, Linsen, Emmer (Alternativ: Dinkel oder Perlgraupen), alle über Nacht eingeweicht, anschließend in Salzwasser mit je 1 Lorbeerblatt etwa 2 Stunden möglichst getrennt gekocht | 100 g getrocknete Dicke Bohnen 1 Zwiebel | Salz, frisch gemahlener Pfeffer | Olivenöl

für die Suppe brauchen Sie zusätzlich: 100 g passierte Tomaten oder einfache Tomatensoße (siehe S. 83) 1 EL frischer Majoran | 3 EL Olivenöl + etwas zum Beträufeln

Für den Salat: Zwiebel fein hacken. Die abgekühlten Hülsenfrüchte und Emmer in eine große Salatschüssel geben, Zwiebel untermischen und mit Salz, Pfeffer und Öl würzen. Vor dem Servieren kalt stellen.

Für die Suppe: Zwiebel fein hacken und in 3 EL Olivenöl andünsten. Tomatensoße und Majoran dazugeben und kurz köcheln lassen. Hülsenfrüchte und Emmer dazugeben und etwa 10 Minuten weiter garen. Im Anschluss heißes Wasser dazugeben (Menge nach Geschmack). Mit Salz und Pfeffer abschmecken, anrichten und mit einem *filo d'olio* beträufeln.

Legumi & cereali
Hülsenfrüchte & Getreide

Wer einmal im Juni im umbrischen Castelluccio, in den Monti Sibillini gewesen ist und die *fioritura* erlebt hat, wird dies nie vergessen. Das ist die Zeit, in der die berühmten Felder blühen und das weite Tal um das Bergdorf herum zu einem Riesengemälde mit wunderbaren Farbstreifen machen. Die dort angebauten Linsen, Emmer, Graupen, Kichererbsen, Platterbsen und die jüngst wiederentdeckte Roveja, die Wilderbse, sind gute Beispiele für die Vielfalt an Hülsenfrüchten und Getreidesorten, ohne die die umbrische Küche, vor allem in Herbst und Winter, ungleich ärmer wäre. Auch in der Küche von Doriana und Salvatore finden sich deftige Eintöpfe mit Borlotti- oder Cannellini-Bohnen wie die Ribollita (siehe S. 144), leichtere *minestre* wie die Pasta e ceci (siehe S. 106) mit Kichererbsen, sämige Cremesuppen (ohne Sahne!) wie die Dicke-Bohnen-Creme (siehe S. 22), und sogar auch kalte Salate wie die Misticanza (links).

Früher standen Hülsenfrüchte und Getreide mehrmals wöchentlich auf dem Speiseplan in ganz Italien, oft als Hauptgericht. Bohnen zum Beispiel waren im Vergleich zu Fleisch eine preiswerte Eiweißquelle – *carne dei poveri* (Fleisch der Armen) nannte man sie deswegen. Heute sind es vor allem von der Landwirtschaft geprägte Gegenden, in denen sie gegessen werden und wo man sich noch die Mühe des Einweichens am Vortag macht.

Als sättigende Grundernährung war in der Vergangenheit auch Polenta allgegenwärtig, und das nicht nur im Norden. Die deftigen, winterlichen Ragouts, die mit der gröberen Sorte *bramata* kombiniert werden, sind heute ein Essen für besondere Tage – vor allem wenn der schmackhafte Maisbrei traditionell auf einer großen Holztafel angerichtet wird, von der alle gemeinsam essen.

Eine weitere Kreation der nördlichen Küche kommt hingegen genauso häufig wie früher auf italienische Tafeln: Risotto. Obwohl Italien in Europa den meisten Reis produziert, kommt er fast ausschließlich in diesem Gericht zur Anwendung. Unter den übrigen Getreidesorten ist der *farro*, Emmer, der wahre Star der letzten Jahre. Obwohl schwieriger in der Bearbeitung als Weizen, hat man erkannt, dass dieses früher weit verbreitete, dem Dinkel ähnelnde Urgetreide einen höheren Anteil an ungesättigten Fettsäuren und Mineralien aufweist. Da er nicht zum Massenprodukt geworden ist, ist er von Manipulationen verschont geblieben. Emmer verleiht Gebäck, Brot und *pasta fresca* eine kräftige, nussige Note. Dorianas Spezialität ist Pasta al farro (siehe S. 115): Tagliatelle, Maltagliati & Co. sind dann in der Textur gröber und nehmen jeden *ragù* bestens an.

7 Risotto-Regeln

1) **Passenden Reis verwenden**: Arborio, Carnaroli oder Vialone nano (siehe rechts).
2) **Reis nicht waschen**: Für seine berühmte Sämigkeit braucht ein Risotto die ganze Stärke, die seine Körner enthalten.
3) **Reis mit Zwiebeln kurz andünsten**: Das sorgt für einen aromatischeren Geschmack.
4) **Nur beste Brühen oder Fonds verwenden**, noch besser, wenn selbst gemacht: Denn die Flüssigkeit ist die Basis eines Risottos. Wenn keine gute Brühe vorhanden ist, dann keinesfalls Instantbrühe verwenden, sondern einfach abgekochtes Wasser! Damit der Risotto nicht zu fade schmeckt, erhöhen Sie dann die Menge an Zwiebel und Parmesan.
5) **Nur so viel heiße Brühe zugeben, bis der Reis davon bedeckt ist**: Den Rest der Brühe nach und nach zugießen. Damit vermeiden Sie, dass der Risotto matschig wird und können besser steuern, ob Sie ihn lieber fester oder mehr *all'onda* (mit Wellen) essen möchten.
6) **Kochzeiten der Hauptzutaten berücksichtigen**: Innerhalb von knapp 30 Minuten ist ein Risotto fertig. Geben Sie also die restlichen Zutaten erst zu, wenn ihre Kochzeiten genau mit der verbliebenen Kochzeit des Reises übereinstimmen. Es empfiehlt sich manchmal bestimmte Zutaten getrennt anzubraten, bevor sie den Risotto untermischen.
7) ***Mantecare***: Bei der *mantecatura* (vom spanischen *mantequilla*, Butter) wird die Hitze ausgestellt und Butter und Käse werden untergemischt. So wird der Risotto cremiger, würziger und bleibt zudem feucht.

Arborio: Die verbreitetste Reissorte in Italien, wird für Suppen, Desserts aber auch für Risotto verwendet. Er hat große, lange Körner, die ihre Form während der Garzeit etwas verlieren. Risotto-Ergebnis: sehr sämig, etwas klebrig.

Carnaroli: Der Risotto-Reis schlechthin. Er hat längere Körner mit einem hohen Anteil wasserlöslicher Stärke, die für gute Cremigkeit sorgt. Sein Kern bleibt aber *al dente*. Risotto-Ergebnis: cremig, aber kernig.

Vialone nano: Er hat runde, dicke Körner, deren Spitze nach dem Garen abgerundet sind. Risotto-Ergebnis: cremig, nicht allzu kernig.

Polenta con salsicce

Polenta mit Salsiccia-Würstchen

FÜR 4 PERSONEN

für die Tomatensoße
1 Stange Staudensellerie
1 Karotte
1 Zwiebel
500 g geschälte Tomaten aus der Dose
8 italienische Salsiccia-Würstchen
Salz, frisch gemahlener Pfeffer
Olivenöl

für die Polenta
300 g grob gemahlenes Maismehl
2 l Wasser
1 TL Olivenöl
Salz

Maismehl war früher in zahlreichen Regionen Italiens Teil der täglichen Ernährung und fand vielfach Anwendung in der Küche. Wenn Sie es traditionell mögen, besorgen Sie sich eine lange Holzplatte, eine *spianatora*, verteilen Sie die heiße Polenta darauf mit den Salsicce in der Mitte. Die Mahlzeit wird dann richtig gesellig!

■ Für die Tomatensoße Sellerie, Karotte und Zwiebel schälen und in feine Würfel schneiden. Olivenöl in eine Pfanne geben und darin anschwitzen. Die Tomaten hinzufügen und zugedeckt 20 Minuten köcheln lassen, mit Salz, Pfeffer und einer Prise Zucker abschmecken.

■ In einer anderen Pfanne Salsicce in 2 EL Olivenöl und 3 EL Wasser von allen Seiten Farbe annehmen lassen. Dabei die Würstchen von beiden Seiten mit einer Gabel einstechen, damit das Fett heraustreten kann. Dann zu den Tomaten geben und alles etwa 1 Stunde bei mittlerer Hitze köcheln lassen.

■ In einem großen Topf gesalzenes Wasser zum Kochen bringen und 1 TL Öl dazugeben. Sobald das Wasser kocht, Maismehl langsam einrieseln lassen, dabei mit einem Holzlöffel oder Schneebesen zügig umrühren, damit sich keine Klumpen bilden. In der Regel ist Polenta nach etwa 40 Minuten fertig. Währenddessen immer wieder umrühren. Bei Bedarf heißes Wasser hinzufügen, um die gewünschte Konsistenz zu erreichen. Zum Schluss mit Salz abschmecken.

■ Je 1 EL Tomatensoße auf die Teller geben, die Polenta darauf verteilen und mit etwas Tomatensoße in der Mitte anrichten. Die Salsicce darauf verteilen und mit Pfeffer bestreuen.

Doriana sagt:
Wenn etwas von der Polenta übrig bleibt, verteilen Sie die Reste in einer mit Öl bepinselten Auflaufform und streichen Sie alles glatt, sodass die Polenta kompakt ist. Nach mehreren Stunden oder bestenfalls einer Nacht im Kühlschrank schneiden Sie die Polenta in 5 mm dicke Scheiben. Sie können sie dann mit kräftigen Käsesorten wie z. B. Taleggio im Ofen überbacken, in der Pfanne mit Olivenöl kross anbraten oder wie eine Lasagne zubereiten. Italienische Salsiccia-Würste findet man heutzutage im Feinkostladen oder in gut sortierten Supermärkten. Wie Sie selbst Salsicce herstellen können, zeigen wir Ihnen auf S. 36.

Tortellini in brodo

Tortellini in Fleischbrühe

FÜR 4–6 PERSONEN

für die Füllung
80 g roher Schinken
40 g Mortadella
150 g gehacktes Kalbfleisch
1 Ei
25 g Butter
50 g frisch geriebener Parmesan oder Grana Padano
Salz

für den Teig
500 g hausgemachter Eiernudelteig (siehe S. 116)

für etwa 2,5 l Fleischbrühe
500 g Rindfleisch aus der Schulter oder Brust
1/2 Kapaun oder Poularde
500 g Beinscheibe vom Rind
1 Zwiebel
4 Gewürznelken
2 Karotten
1 Stange Staudensellerie
Salz

Es gibt kaum ein Gericht, das so erwärmend und wohltuend ist wie eine frisch zubereitete Fleischbrühe. Noch besser, wenn sich selbst gemachte Tortellini darin befinden. Salvatore erklärt: Bei einer Fleischbrühe muss das Fleisch bereits ins kalte Wasser gelegt und langsam zum Kochen gebracht werden. Nur so hat die Flüssigkeit ausreichend Zeit, die Fleischaromen aufzunehmen. Wenn es dagegen hauptsächlich auf das Fleisch wie in einem *bollito* ankommt, darf das Fleisch erst mitgekocht werden, wenn das Wasser mit dem Suppengrün wirklich heiß ist; nur so bleiben alle Aromen in seinem Innern erhalten.

■ Für die Brühe das Fleisch in einem großen Topf mit ca. 4 l Wasser bedecken und bei niedriger Hitze zum Kochen bringen. Dabei immer wieder abschäumen. Das Gemüse schälen, Nelken in die Zwiebel drücken, Karotten und Sellerie in Stücke schneiden. Nach etwa 1 Stunde die Brühe abschäumen und das Gemüse dazugeben. Weitere 3 Stunden köcheln lassen. Wenn die Brühe abgekühlt ist, das Fett an der Oberfläche mit einer Schaumkelle entfernen und die Brühe in einen anderen Topf filtern.

■ In der Zwischenzeit den Nudelteig wie angegeben zubereiten und ruhen lassen.

■ Für die Füllung in einem Topf das Hackfleisch salzen und in der Butter anbraten. Währenddessen Schinken und Mortadella fein hacken, in eine Schüssel geben und das abgekühlte Hackfleisch untermischen. Parmesan und Ei hinzufügen und gut vermischen, bis die Masse glatt ist.

■ Den Nudelteig auf einer bemehlten Arbeitsfläche dünn ausrollen, in 5 x 5 cm große Quadrate schneiden. In die Mitte der Quadrats je 1 TL Füllung geben, dann die Quadrate zu Dreiecken zuklappen und die Spitzen anschließend zusammenpressen. Den Rand mit den Fingern gut zusammendrücken, sodass die Füllung beim Kochen nicht austritt.

■ Die Brühe erneut zum Kochen bringen und die Tortellini darin garen. Sie sind gar, wenn sie an die Wasseroberfläche steigen. In tiefen Tellern anrichten und sofort servieren.

Salvatore sagt: Die gefilterte Brühe lässt sich in geeigneten Behältern in Portionen einfrieren. Dasselbe gilt für die Tortellini, vor allem, wenn Sie sie für eine große Gesellschaft planen. Am besten direkt die nötige Menge abzählen (25–30 Tortellini pro Person) und in Beuteln einfrieren. Das Fleisch können Sie wie beim Bollito alla francesina *zubereiten (siehe S. 156). Und probieren Sie mal Taglierini oder Quadrucci (siehe S. 116) anstelle von Tortellini.*

Gnocchi di patate al ragù

Kartoffelgnocchi in Fleischsoße

Für 4 Personen

600 g Bolognese-Soße (siehe S. 83)
600 g Kartoffeln
400 g Mehl
1 Ei
frisch geriebener Parmesan oder Grana Padano zum Servieren
Salz, frisch gemahlener Pfeffer

Traditionell werden *gnocchi al sugo* besonders in Rom donnerstags gegessen: Vor dem Freitag, an dem kein tierisches Fett laut kirchlicher Vorschrift gegessen werden durfte, diente solch ein besonderes Gericht als kleiner Ausgleich. Heute können Sie immer noch davon ausgehen, dass die meisten *trattorie* in Trastevere, zum Beispiel, an diesem Wochentag deftige Gnocchi servieren.

■ Die Fleischsoße wie angegeben zubereiten.

■ Kartoffeln waschen und ungeschält in leicht gesalzenem Wasser kochen. Dann aus dem Wasser nehmen und dieses beiseitestellen. Kartoffeln schälen und in grobe Stücke schneiden. Noch heiß durch eine Kartoffelpresse auf eine bemehlte Arbeitsfläche drücken. Mehl hinzufügen, salzen und mit den Händen vermengen. Dann das Ei und den Parmesan unterheben. Zu einem glatten Teig bearbeiten.

■ Ein erstes, kleines Stück des Teigs zum Ball, dann zu einer länglichen Rolle formen (2 bis 3 cm dick). Auf diese Weise Rollen aus dem restlichen Teig zubereiten. Mit einem Brotmesser aus ihnen viele, 2 cm breite Stücke schneiden. Dabei immer wieder mit Mehl bestreuen, damit sie schneller trocknen und später beim Kochen nicht aneinander kleben. Kartoffelwasser wieder zum Kochen bringen.

■ Die Gnocchi portionsweise im kochenden Wasser garen. Sie sind fertig, wenn sie an die Wasseroberfläche steigen. Auf einem Servierteller etwas von der Soße verteilen, die Gnocchi dazugeben, mehr Soße hinzufügen und alles vorsichtig vermengen. Mit Parmesan und frisch gemahlenem Pfeffer servieren.

Doriana sagt:
Drücken Sie die noch nicht gekochten Gnocchi in der Mitte entweder mit dem Daumen oder mit der gewölbten Seite einer Gabel ein. Dadurch wird die Soße später besser auf den Gnocchi haften. Wenn Sie keine Zeit für den ragù di carne *haben, passt auch* salvia & burro *wunderbar (siehe S. 113).*

vegetarisch

Pizzoccheri

Überbackene Buchweizennudeln mit Wirsing & Kartoffeln

FÜR 4–6 PERSONEN

200 g festkochende Kartoffeln
200 g Wirsing oder Mangoldblätter
50 g Butter
2 Knoblauchzehen
4 Salbeiblätter
200 g Bitto-Käse (ersatzweise Bergkäse, Emmentaler, Parmesan oder Grana Padano)
Salz, frisch gemahlener Pfeffer

für den Teig
200 g Buchweizenmehl
100 g Weizenmehl (Type 405)
Wasser
Salz

oder 300 g getrocknete Pizzoccheri

Die italienische Küche ist in erster Linie eine Lokalküche. So hat jede Region, sogar jede Gegend, eigene Spezialitäten, häufig mit Varianten, die ortsabhängig und nicht überall zu Hause sind. Die Veltliner Pizzoccheri zum Beispiel verlassen ihre Heimat im hohen Norden der Lombardei nur selten. Eigentlich schade, denkt Salvatore, da dieses überbackene Gericht schmackhaft, sättigend und darüberhinaus gehaltvoll ist.

■ Beide Mehlsorten auf eine Arbeitsfläche häufen, salzen und mit Wasser zu einem glatten Teig kneten. Dabei so viel Wasser verwenden, bis der Teig fest und nicht klebrig ist. Mit Klarsichtfolie abdecken und kurz ruhen lassen. Den Teig auf der Arbeitsfläche nicht zu dünn ausrollen, dann dicke Bandnudeln wie Pappardelle daraus schneiden. Diese in 8 bis 10 cm lange Streifen schneiden.

■ Den Backofen auf 220 °C vorheizen.

■ Kartoffeln schälen und in Würfel schneiden. Äußere, dunklere Blätter des Wirsingkopfs entfernen, die restlichen aus dem Strunk abzupfen, waschen und in grobe Streifen schneiden. In einem großen Topf mit leicht gesalzenem Wasser Kartoffeln so lange kochen, dass sie noch Biss haben, dann den Wirsing dazugeben und anschließend alles zu Ende garen. Mit einer Schaumkelle aus dem Topf heben, Wasser im Topf behalten und Nudeln etwa 10 Minuten darin garen.

■ Währenddessen Butter in einer Pfanne mit dem Knoblauch und dem Salbei zergehen lassen. Käse grob würfeln.

■ Eine Auflaufform mit Butter einfetten und die gekochten Nudeln, Kartoffeln, Wirsing und Käsewürfel schichtweise verteilen. Dabei ab und an mit Pfeffer würzen. Mit einer Schicht Käse enden, die flüssige Butter darübergießen und im Ofen 20 Minuten garen, bis sich eine goldgelbe Kruste gebildet hat.

Bollito misto con salsa verde

Gemischtes Suppenfleisch mit grüner Soße

FÜR 8–10 PERSONEN

1 kg Suppenfleisch von Kalb und Rind (z. B. Hohe Rippe, Brust, Nacken)
1 Poularde (ca. 1,5 kg)
2 Zwiebeln
4 Gewürznelken
2 Stangen Staudensellerie
2 Karotten
1/2 EL Pfefferkörner
Salz

für die Salsa Verde
1 großer Bund glatte Petersilie
2 Eier
3 Sardellenfilets
2 kleine Essiggurken
1 Knoblauchzehe
4 EL Weißweinessig
Salz, frisch gemahlener Pfeffer
150 ml Olivenöl

Obwohl dies ein einfaches Gericht ist, wird es hauptsächlich bei besonderen Anlässen und an Feiertagen für winterliche *pranzi della domenica*, Sonntagsessen, mit vielen Gästen zubereitet. Im Piemont, wo es eine lange Tradition hat, wird es mit dem *bagnet* serviert, mit der grünen Soße. Sie dürfen nicht vergessen, das Fleisch erst in die heiße Brühe zu legen, damit es aromatischer schmeckt.

■ Fleisch waschen und trocken tupfen. Zwiebel, Sellerie und Karotten waschen und schälen. In jede Zwiebel 2 Gewürznelken drücken. In einem großen Topf etwa 6 l Wasser mit Gemüse, Pfefferkörnern und Salz ohne Deckel zum Kochen bringen.

■ Fleisch in die Brühe legen und bei niedriger Hitze zugedeckt mindestens 2 Stunden garen.

■ Währenddessen für die Soße die Eier hart kochen. Petersilie waschen, trocken tupfen und Blätter vom Stiel abzupfen. Knoblauch schälen, mit Sardellen und Gurken grob hacken. In einer Schüssel alles mit dem Pürierstab pürieren, Essig dazugeben und mit Salz und Pfeffer abschmecken. Dann langsam Öl zugießen, dabei mit einem Schneebesen ständig rühren. Salsa Verde im Kühlschrank durchziehen lassen.

■ Am Ende der Garzeit das Fleisch und das Gemüse auf einem Servierteller anrichten, mit einigen Löffeln warmer Brühe beträufeln und mit der Salsa Verde servieren.

Salvatore sagt:
Bei so viel Fleisch kann leicht etwas übrigbleiben – und aus den Fleischresten lässt sich ganz einfach eine sogenannte francesina *zubereiten: In einer Pfanne einen Rosmarinzweig mit einer Knoblauchzehe und einer fein gehackten Schalotte in Olivenöl anschwitzen, das Fleisch hinzufügen und mit etwas Brühe und einigen Löffeln Tomaten aus der Dose garen. Mit Salz und Pfeffer abschmecken –* ecco fatto, *die* francesina *ist fertig!*

Maiale al latte al profumo di aglio

Schweinebraten in Milch-Knoblauch-Soße

FÜR 4–6 PERSONEN

1,5 kg Schweinefilet oder ausgelöster Schweinekotelettbraten
50 g Butter
6 große Knoblauchzehen
1 Rosmarinzweig
4 Salbeiblätter
1 Lorbeerblatt
1 l Milch
Salz, frisch gemahlener Pfeffer

Die Geschmacksexplosion, die man mit diesem einfachen Gericht erleben kann, überrascht immer wieder aufs Neue. Allein schon die Düfte seiner Zubereitung sind ein Genuss für sich. Salvatore verwendet dazu eine nicht unerhebliche Menge an Knoblauch, allerdings *in camicia*, mit dem Hemd, also mit der Schale. Auf diese Weise überträgt die würzige Knolle in dieser traditionellen Zubereitung eine exquisite, delikate Note auf das zarte Schweinefleisch. Später können Sie entscheiden, wie viele Zehen sie pürieren wollen und somit, wie stark die Soße danach schmecken soll.

■ Den Ofen auf 160 °C vorheizen.

■ Das Fleisch in der Butter mit den ungeschälten Knoblauchzehen und den Kräutern in einem Schmortopf bei mittlerer Hitze anbraten. Salzen, pfeffern und von allen Seiten Farbe annehmen lassen, dann mit der Milch ablöschen. Etwa 1 Stunde zugedeckt bei niedriger Hitze köcheln lassen. Den Braten mindestens 1 weitere Stunde im Ofen garen, dabei immer wieder mit dem Bratensaft begießen.

■ Zum Schluss Fleisch aus dem Topf herausnehmen und in Scheiben schneiden. Ofen auf 120 °C schalten und das Fleisch auf einem Teller dort warm stellen.

■ Knoblauchzehen und Kräuter aus dem Bratensatz entfernen, Knoblauch schälen, wieder zum Bratensatz geben und pürieren. Die Soße bei starker Hitze nun auf dem Herd eindicken lassen. Fleisch auf Tellern anrichten und mit der Soße begießen.

Salvatore sagt:
Wenn Sie keine Zeit haben, um das Fleisch im Backofen zu garen, können Sie das Gericht auch auf dem Herd zugedeckt köcheln lassen. Dann lassen Sie die Soße zum Schluss, wie angegeben, eindicken.

Brasato di manzo con le mele

Rinderschmorbraten mit Äpfeln

FÜR 6–8 PERSONEN

1,5 kg Rindfleisch aus dem Nacken
2 Karotten
1 Stange Staudensellerie
4 kleine Äpfel
1 große Zwiebel
2 Knoblauchzehen
1 l Fleischbrühe (siehe S. 151; angegebene Menge halbieren) oder 800 ml heißes Wasser gemischt mit 200 ml Rotwein
Salz, frisch gemahlener Pfeffer
Olivenöl

Salvatore sagt:
Wenn Sie wenig Zeit haben, können Sie auch auf den Garprozess im Backofen verzichten und das Gericht auf dem Herd zugedeckt köcheln lassen.

Schmorgerichte wie dieses stammen aus dem Norden. An kalten Wintertagen werden sie mit Kartoffelpüree oder Polenta serviert. Salvatore püriert auch gerne Äpfel dazu, da sie der Soße eine süßlich-saure Note verleihen und sie cremiger werden lassen.

■ Den Ofen auf 160 °C vorheizen. Fleischbrühe wie angegeben zubereiten. Knoblauch, Karotten, Sellerie, Äpfel und Zwiebeln schälen und vierteln. Aus den Apfelvierteln die Kerngehäuse entfernen.

■ In einem Schmortopf Fleisch, Gemüse, Äpfel und Knoblauch in 4 EL Olivenöl bei mittlerer Hitze anbraten, bis das Fleisch von allen Seiten Farbe angenommen hat. Anschließend mit Wein ablöschen, einreduzieren lassen, dann die Brühe dazugießen.

■ Den Topf in den Ofen stellen und etwa 2 Stunden schmoren lassen, bis das Fleisch zart ist und die Flüssigkeit einreduziert ist.

■ Karotten, Sellerie und Äpfel aus dem Bratensatz herausnehmen und in einem hohen Gefäß mit einem Pürierstab pürieren, dann wieder zur Soße geben. Das Fleisch herausnehmen und in dünne Scheiben schneiden. Währenddessen die Soße bei starker Hitze ohne Deckel eindicken lassen, dann zum Fleisch geben und anrichten.

Spezzatino di cinghiale al ginepro

Wildschweinragout in Wacholdersoße

FÜR 4–6 PERSONEN

1 kg Wildschweinschulter
3 Lorbeerblätter
1 Rosmarinzweig
2 Knoblauchzehen
30 Wacholderbeeren
1 Flasche Rotwein
1/2 l Gemüsebrühe (siehe S. 22) oder heißes Wasser
Salz, frisch gemahlener Pfeffer
Olivenöl

Die Landküche wäre nicht ihresgleichen ohne deftige Wildgerichte dieser Art. Obwohl das Jagen heutzutage weniger praktiziert wird, gibt es Gegenden in Italien, wo Wild zu den begehrten Spezialitäten gehört. Mit Sicherheit ist das in Umbrien der Fall, wie die Küche Dorianas vor allem im Winter belegt.

■ Am Vortag das Fleisch in mundgerechte Stücke schneiden. Kräuter waschen und zusammenbinden. 1 Knoblauchzehe fein hacken. Das Fleisch in eine große Schüssel legen, salzen und pfeffern, Kräuter, Knoblauch und die Hälfte der Wacholderbeeren dazugeben und mit dem Wein begießen. Über Nacht kalt stellen und marinieren lassen.

■ Am nächsten Tag Fleisch aus der Marinade nehmen und Zimmertemperatur annehmen lassen. Währenddessen die zweite Knoblauchzehe schälen, in einer großen Pfanne in Olivenöl anschwitzen, die restlichen Wacholderbeeren dazugeben und kurz anbraten. Dann Fleisch in der Pfanne bei mittlerer Hitze zugedeckt garen, dabei immer wieder Brühe zugießen. Sobald das Fleisch weich ist, nach ca. 90 Minuten, mit Salz und Pfeffer abschmecken und servieren.

Olive condite
Würzige Oliven

400 g schwarze, ungewürzte Oliven mit Stein
1 Bund Wildfenchel (Fenchelgrün)
2 Knoblauchzehen
dünn abgeschälte Schale von
1 Bio-Orange
Salz
Olivenöl

Ausreichend Marmeladengläser in der gewünschten Größe sterilisieren (siehe S. 136) und abtrocknen. Die Orangenschale in kleine Stücke schneiden. Knoblauch schälen. Fenchelgrün waschen und zusammen mit dem Knoblauch hacken. In einer großen Schüssel alle Zutaten mit den Oliven mischen, salzen und anschließend auf die Gläser verteilen. Im Kühlschrank halten sich die Oliven mehrere Tage.

L'olio di oliva – Olivenöl

Es gibt vielleicht keinen schöneren Moment im landwirtschaftlichen Jahresverlauf als jenen Tag im frühen Winter, an dem die Säcke mit den ersten Oliven, die noch wenige Stunden zuvor grün-violett am Baum gehangen haben, transportbereit auf der Erde liegen. Die Spannung ist groß auf dem ersten Gang zur Ölmühle: guter oder schlechter Jahrgang? Glücklich machende oder magere Ausbeute?

Eine Bruschetta, gleich in der Mühle mit dem neuen Öl beträufelt, gibt endlich Aufschluss darüber, ob Kälte und Sonne, Nebel und Regen, Zuschnitt und Rasenmähen in harmonischen Verhältnissen zueinander gestanden haben. Wenn alles geklappt hat, wird die satt smaragdgrüne, noch trübe Flüssigkeit einen säuerlichen, etwas bitteren, und am Anfang prickelnden Geschmack haben. Ist das Öl *fruttato* (fruchtig), kehrt man zufrieden nach Hause zurück.

Die Olivenernte ist zugleich auch das letzte große Ereignis des Jahres auf dem Land. Zwischen Oktober und Dezember arbeitet man wochenlang in der zunehmenden Kälte. Dort, wo alles noch manuell gemacht wird, klettert man Holzleitern hinauf und hinunter, „kämmt" Äste, zieht Netze von Baum zu Baum und schleppt Säcke. Viele Familien stellen das Olivenöl noch selbst her – wer das nicht kann, kauft das Öl direkt beim Erzeuger. Wenn das neue native Öl dann in Flaschen abgefüllt ist und ein *filo d'olio a crudo*, ein Faden rohen Öls, die Speisen vollendet, wird man sicher sein, dass jede Minute kräftezehrender Arbeit die Mühe wert war.

Ein Schatz auf dem Ernährungsplan

Dass es im Volksglauben Unglück bringt, Öl zu verschütten, verwundert nicht: Die Verschwendung des „grünen Goldes" war und ist eine teure Angelegenheit. Denn natives Öl zu gewinnen bleibt eine langwierige, kostenaufwendige Tätigkeit – für 1 l braucht man im Durchschnitt 6 bis 8 kg Oliven. Nach wie vor sagt der Preis viel über die Qualität des Öls aus: Ist er zu niedrig, lag das Hauptaugenmerk bei der Produktion mit Sicherheit auf der Quantität.

Viele Faktoren beeinflussen die Qualität eines Öls: nicht nur Wetter und Sorte, sondern zum Beispiel auch der richtige Zeitpunkt der Ernte (die Oliven dürfen nicht zu reif sein) und die Lagerung der Früchte. Der fruchtige, bittere Geschmack des *olio evo* (siehe rechts) ist ein Hinweis darauf, dass auch die Polyphenole, die für die Gesundheit guten Antioxidantien, im gepressten Öl reichlich vorhanden sind. Ein Grund mehr, warum natives Olivenöl so geschätzt wird.

Kleine Warenkunde

DOP, IGP: *Denominazione di origine protetta* (geschützte Ursprungsbezeichnung, g. U.) und *Indicazione geografica protetta* (geschützte geografische Angabe, g. g. A.) sind EU-Gütesiegel.
Evo – Akronym für „extra vergine di oliva".
Olio extra vergine di oliva – natives Olivenöl extra: Das bezeichnet die erste Güteklasse, mit einem Säuregehalt von max. 0,8 Prozent. Das Öl wird ohne Erhitzen durch mechanische Pressung erzeugt.
Olio vergine di oliva – natives Olivenöl: Das ist die zweite Güteklasse, mit einem Säuregehalt von max. 2 Prozent.
Olio di oliva – Olivenöl: Dieses minderwertigere Öl besteht aus einer Mischung von nativem und durch chemische Verfahren raffiniertem Öl.
Polyphenole: Diese im Öl enthaltenen Moleküle haben antioxidative Eigenschaften. Nach einer EU-Verordnung darf das Etikett darauf hinweisen, wenn der Anteil von bestimmten Polyphenol-Typen bei mind. 5 mg je 20 g Olivenöl liegt. Dabei muss auch die Information enthalten sein, dass die gesundheitlich positive Auswirkung mit einer täglichen Aufnahme von 20 g Öl verbunden ist.
Prodotto in Italia vs. Confezionato in Italia: Hergestellt in Italien (mit einheimischen Oliven) vs. Abgefüllt in Italien (mit Oliven aus anderen Ländern; eine Angabe auf dem Etikett ist vorgeschrieben).
Spremitura a freddo – Kaltpressung: Bei diesem Verfahren darf die Temperatur 27 °C nicht übersteigen. Höhere Temperaturen würden die Qualität beeinträchtigen, so werden native Olivenöle immer kaltgepresst.

Baccalà fritto con insalata di puntarelle alla romana

Frittierter Baccalà mit Puntarelle-Salat auf römische Art

Für 4 Personen

für den Fisch
800 g Baccalà (Stockfisch)
2 Eier
150 g Mehl
100 ml Bier
Salz
Sonnenblumenöl zum Frittieren

für den Salat
2 Köpfe Puntarelle, ersatzweise Chicorée
1 Knoblauchzehe
4 Sardellenfilets
Weißweinessig
Salz, frisch gemahlener Pfeffer
Olivenöl

Salvatore sagt:
Auf S. 39 können Sie lesen, wie Sie den Fisch selbst wässern. Salzen Sie beim Kochen moderat, da der Fisch seine Salzigkeit durch das Einweichen nicht ganz verliert.

Diese zwei für die römische Küche typischen Gerichte spielen mit interessanten Geschmacksrichtungen und der unterschiedlichen Konsistenz der Hauptzutaten: Wenig „fischig" und bissfest der Baccalà, knusprig und definitiv bitter der Salat mit den dünnen Blättern, die sich so schön kräuseln, wenn man sie in eiskaltes Wasser legt. Frittiert wurde er häufig in kleinen Lebensmittelläden als Zwischenmahlzeit angeboten.

■ Äußere Blätter der Puntarelle entfernen, Strunk abschneiden und die einzelnen Blätter samt Stängeln längs schneiden. 1 Stunde in eine Schüssel mit Wasser und Eiswürfeln geben, dann abtropfen lassen.

■ Fisch unter fließendem Wasser waschen und trocken tupfen. Anschließend in größere Stücke von etwa 3 x 3 cm schneiden.

■ Eier in einem tiefen Teller aufschlagen, salzen, mit Mehl und Bier zu einer cremigen Masse schlagen und kurz stehen lassen.

■ Währenddessen die Knoblauchzehe schälen und fein hacken. In einer Schüssel mit Sardellenfilets und Essig verrühren, anschließend Olivenöl dazugeben und zu einer Emulsion aufschlagen. Dann durchziehen lassen.

■ Sonnenblumenöl in einer großen Pfanne erhitzen. Fischstücke im Teig wenden, bis sie ganz davon bedeckt sind, dann portionsweise in heißem Öl frittieren. Wenn sie eine goldbraune Farbe angenommen haben, mit einem Schaumlöffel herausnehmen und das Fett auf Küchenpapier abtropfen lassen.

■ Auf einen Servierteller legen und heiß servieren. Salat mit der Soße beträufeln und dazu reichen.

Trote in porchetta

Forellen nach Porchetta-Art

Für 4 Personen

4 Forellen (ca. 200–250 g), küchenfertig
2 Knoblauchzehen
Saft von 1 Zitrone
100 g altes Brot
1 Bund glatte Petersilie
1 Rosmarinzweig
100 g Paniermehl
Salz, frisch gemahlener Pfeffer
Olivenöl

Die Beliebtheit der *porchetta* kann man daran bemessen, dass eine ganze Zubereitungsart nach ihr benannt wurde. Dabei geht es vor allem um die Füllung, die in der Regel aus Fenchelgrün, Rosmarin oder Petersilie und Paniermehl besteht. Kaninchen, Enten und sogar Schnecken werden mit Füllungen *„in porchetta"* versehen.

■ Forellen waschen und trocken tupfen. Knoblauch schälen, fein hacken, reichlich salzen und pfeffern. Die Hälfte des Zitronensafts und 8 EL Olivenöl dazugeben und gut vermischen. Fische in eine Schüssel legen, Flüssigkeit dazugeben und 1 bis 2 Stunden im Kühlschrank durchziehen lassen.

■ In einer kleinen Schüssel Brot in Wasser einweichen. Kräuter waschen, trocken tupfen und fein hacken. In einer weiteren Schüssel Paniermehl und Kräuter vermischen, salzen und pfeffern. Brot mit den Händen gut ausdrücken und in die Schüssel bröckeln. Reichlich Öl und den restlichen Zitronensaft dazugeben und gut vermengen. 5 EL Brotmischung beiseitestellen. Die Forellen mit der restlichen Brotmischung füllen und mit einem Zahnstocher verschließen.

■ Den Backofen auf 180 °C vorheizen.

■ Eine Auflaufform mit Öl bestreichen oder alternativ mit Backpapier auslegen. Die Forellen hineinlegen, mit Brotmischung bestreuen und mit etwas Olivenöl beträufeln. Mit Alufolie bedecken und im Backofen etwa 20 Minuten garen.

vegan

Patate al forno

Ofenkartoffeln

FÜR 4 PERSONEN

1 kg festkochende Kartoffeln
4 Rosmarinzweige
2 Knoblauchzehen
Salz, frisch gemahlener Pfeffer
Olivenöl

Selten fehlt diese Beilage im Menu eines *pranzo della domenica*, eines Sonntagsessens, besonders, wenn eine Begleitung für *arrosti* aus Fleisch oder Fisch benötigt wird. Rosmarin ist der Klassiker unter den Kräutern, wenn es um die *patate al forno* geht, Kartoffeln lassen sich aber auch gut mit Thymian würzen.

■ Den Ofen auf 180 °C vorheizen. Leicht gesalzenes Wasser in einem großen Topf zum Kochen bringen.

■ Kartoffeln waschen, schälen und halbieren oder in längliche Spalten schneiden. Ins heiße Wasser geben und ca. 10 Minuten vorgaren.

■ Rosmarinblätter abzupfen und Knoblauch halbieren.

■ Ein Blech mit Olivenöl einfetten, die Kartoffeln darauf verteilen, Rosmarin und Knoblauch dazugeben und mit reichlich Öl beträufeln. Alles gut vermengen, pfeffern und Kartoffeln gut verteilen, sodass sie so wenig Kontakt wie möglich miteinander haben. Im Ofen etwa 50 Minuten backen. Nach der Hälfte der Zeit einmal wenden. Zum Schluss den Ofen für 10 Minuten auf die Grillfunktion schalten, um die Kartoffeln richtig kross werden zu lassen. Dann mit Salz abschmecken.

Salvatore sagt:
Sie können die geschälten Kartoffeln vor dem Vorgaren für ein paar Minuten in eine Schüssel mit kaltem Wasser legen. Das wird für knusprigere Ergebnisse sorgen.

Insalata di carciofi con scaglie di parmigiano

Artischockensalat mit Parmesanspänen

FÜR 4 PERSONEN

6 kleine Artischocken
Saft von 1 Zitrone
1 Knoblauchzehe
50 g Parmesanspäne
1 Bund glatte Petersilie
Salz, frisch gemahlener Pfeffer
Olivenöl

Von Herbst bis Frühjahr locken wieder die Artischocken auf den Gemüsemärkten. Mitten in der kalten Jahreszeit, auf dem Hohepunkt ihrer Saison, sind sie roh besonders schmackhaft – wie in diesem Salat, den Doriana ihren Gästen im Winter gerne serviert. Der süßlich-bittere Geschmack der Artischocken harmoniert perfekt mit dem Parmesan.

■ Artischocken waschen, dunklere äußere Blätter abzupfen und die Spitzen abschneiden. Die Blätter in der Mitte mit den Fingern leicht nach außen drücken und das sogenannte Heu mithilfe eines Teelöffels oder eines scharfen Messers sorgfältig entfernen. Wasser und Zitronensaft in eine große Schüssel geben und Artischocken etwa 1 Stunde hineinlegen.

■ Knoblauch schälen und fein hacken. Petersilie waschen, Blätter abzupfen und fein hacken.

■ Artischocken aus dem Wasser nehmen, mit Küchenpapier vorsichtig abtrocknen und halbieren. Anschließend längs in Streifen schneiden, in eine Servierschüssel legen, salzen und pfeffern. Knoblauch und Petersilie untermischen und mit reichlich Olivenöl beträufeln. Zum Schluss mit den Parmesanspänen bestreuen.

Parmigiana di cipolle

Zwiebel-Parmigiana

Für 6–8 Personen

600 g Bolognese-Soße (siehe S. 83)
1 kg Gemüsezwiebeln
4 Eier
200 g Mehl
frisch geriebener Parmesan oder Grana Padano
1 Mozzarellakugel (125 g)
Butter zum Einfetten
Sonnenblumenöl zum Frittieren

Die Parmigiana ist in Süditalien besonders präsent, ist aber mittlerweile überall im Land zu Hause. Der Grund für diese Beliebtheit liegt womöglich in der Kombination von zwei beliebten Zubereitungsmethoden: Frittieren und Überbacken. Doriana bereitet Parmigiana gerne mit Zwiebeln zu, nach einer Tradition ihrer Gegend. Dadurch bekommt dieses Gericht einen leicht süßlichen Geschmack. Aber auch klassisch mit Auberginen, Artischocken oder Cardy ist sie eine leckere Mahlzeit.

■ Die Fleischsoße wie angegeben zubereiten. Zwiebeln schälen und in Scheiben schneiden, salzen und 2 Stunden ziehen lassen.

■ Eier in einer großen Schale mit Salz verquirlen, Mehl auf einem flachen Teller vorbereiten. Zwiebeln erst in Ei wenden, dann in Mehl wälzen und anschließend in heißem Öl frittieren.

■ Den Backofen auf 150 °C vorheizen. Eine Auflaufform mit Butter einfetten. Mozzarella würfeln. 5 EL Fleischsoße in der Auflaufform verteilen und eine Schicht Zwiebeln hineinlegen. Dann erneut Soße verteilen und Parmesan darauf streuen. Zwei oder drei weitere Lagen auf diese Weise einschichten und mit Mozzarellawürfeln beenden. In den Ofen schieben und etwa 20 Minuten backen, bis sich eine goldbraune Kruste gebildet hat.

vegan

Schiacciata al rosmarino

Rosmarin-Fladenbrot

Für 1 Blech

500 g Mehl (Type 550)
25 g frische Hefe
1 Prise Zucker
1 EL Salz
2 EL Olivenöl + etwas zum Bearbeiten
1/4 l lauwarmes Wasser
3 Rosmarinzweige
grobes Meersalz

Doriana sagt:
Wenn Sie Zeit haben, gehen Sie wie folgt vor: Nachdem der Teig das erste Mal gegangen ist, legen Sie ihn auf die Arbeitsfläche und ziehen ihn zu einem Viereck. Mit den Fingern drücken Sie nun den Teig mehrmals tief ein und falten ihn anschließend. Ihre Hände sollten Sie dabei immer wieder mit Öl bestreichen. Dann drehen Sie ihn um 90° und gehen erneut wie beschrieben vor. Wiederholen Sie diese Prozedur, bis Luftblasen entstehen und lassen Sie dann den Teig mindestens 30 Minuten zugedeckt ruhen. Wenn die Zeit reicht, können Sie alles sogar noch einmal wiederholen und erst dann das geölte Blech damit auslegen und wie angegeben fortfahren. Die schiacciata *bekommt auf diese Weise die richtige* alveolatura, *also ausreichend Löcher, die sie zu einem knusprigen und zugleich weichen Genuss machen.*

Schiacciata und Focaccia sind die gängigen Namen dieses beliebten Fladenbrots. Doch bei dem Namen *schiacciata* wird sofort klar, worum es geht: Das Brot muss bei der Zubereitung „zusammengedrückt" werden, sowohl auf der gesamten Fläche, um daraus ein flaches Viereck zu rollen, als auch mit den Fingern an einzelnen Stellen, damit Luft in den Teig kommt. Die sorgt dann beim fertigen Brot für die schönen Löcher.

■ Mehl in eine große Schüssel geben und eine Mulde in die Mitte drücken. Die Hefe zerbröckeln, Zucker dazugeben und mit etwas lauwarmem Wasser bedecken. Mit einer Gabel verrühren, bis sich die Hefe aufgelöst hat und etwa 15 Minuten gehen lassen, bis Bläschen zu sehen sind.

■ Dann Salz und Olivenöl dazugeben, mit der Gabel nach und nach das Mehl in die Flüssigkeit einrühren und langsam die gesamte Wassermenge hinzufügen. Den Teig nun mit den Händen auf einer bemehlten Arbeitsfläche geschmeidig kneten. Alternativ alles in einer Küchenmaschine so lange bearbeiten, bis der Teig glatt ist. Mit einem sauberen Tuch oder Klarsichtfolie bedecken und an einem warmen Ort über mehrere Stunden gehen lassen.

■ Hände mit Öl einreiben und den Teig nun auf der Arbeitsfläche kräftig kneten, bis er elastisch ist. Mit einem Tuch abdecken und ruhen lassen.

■ Anschließend mit den Händen von der Mitte aus zu einem Viereck ziehen und auf ein geöltes Blech legen. Mit den Fingern den Teig mehrmals tief eindrücken und wieder mit dem Tuch abdecken. Nochmals mindestens 30 Minuten gehen lassen.

■ Den Backofen auf 220 °C vorheizen. Rosmarin waschen und Blätter vom Stiel zupfen.

■ Den Teig mit dem restlichen Öl bepinseln, Rosmarin und Meersalz darüberstreuen und etwa 20 Minuten backen, bis die Schiacciata goldgelb ist.

Tiramisù

FÜR 6–8 PERSONEN

50 g dunkle Schokolade
5 Eigelbe
80 g Zucker
500 g Mascarpone
150 ml Espresso
200 g Savoiardi (italienische Löffelbiskuits)

Das Tiramisù gehört zu jenen Rezepten, an denen sich die Geister scheiden: Bereitet man es nun mit oder ohne Alkohol zu? Wie häufig bei solchen Fragen gilt die Antwort: Beides geht! Doriana macht es ohne. Außerdem hat sie bei ihrem Rezept eine kleine Variante hinzugefügt, die es für manche leichter machen wird: Bei ihr kommen keine rohen Eier ins Dessert.

■ Die Schokolade einfrieren. Eigelbe und Zucker über einem heißen Wasserbad mit einem Schneebesen dickschaumig aufschlagen. Dabei darf der Boden der Schüssel nicht mit dem heißen Wasser in Berührung kommen, da die Masse sonst gerinnt. Anschließend vom Herd nehmen und den Mascarpone solange unterheben, bis eine homogene Masse entsteht.

■ Den abgekühlten Espresso in einen tiefen Teller gießen und die Savoiardi einen nach dem anderen hineintauchen, so dass alle Seiten die Flüssigkeit gut aufnehmen können. Den Boden einer Dessertform mit einer Schicht Savoiardi auslegen und ein Drittel der Ei-Mascarpone-Masse darauf verteilen. Die Schokolade aus dem Gefrierfach nehmen und auf die Eiermasse raspeln. Auf diese Weise zwei weitere Schichten zubereiten. Zum Schluss die gesamte Fläche mit geraspelter Schokolade bedecken. Das Tiramisù vor dem Servieren mindestens 2 Stunden kalt stellen.

Pere con pecorino & miele

Birnen mit Pecorino & Honig

FÜR 4 PERSONEN

4 reife Birnen (z. B. Williams, Abate)
mittelalter Käse (z. B. Pecorino oder Caciotta)
flüssiger Honig
gemahlener Zimt

Salvatore hat für dieses Rezept einen besonderen, unglaublich langen Namen, der eigentlich ein bekanntes Sprichwort ist: *Al contadino non far sapere quanto è buono il cacio con le pere.* Das bedeutet in etwa: „Verrate bloß dem Bauern nicht, wie lecker Käse mit Birnen schmeckt". In Zeiten, als die kleinen Bauern für die Landherren arbeiteten, mussten sie einen Großteil der Ernte abgeben, ohne selbst etwas davon zu haben. Was womöglich nicht ohne Protest abgelaufen wäre, wenn sie gewusst hätten, welch köstliche Kombinationen sich aus den beiden Bestandteilen realisieren lassen …

■ Birnen waschen, halbieren, Kerngehäuse entfernen und das Fruchtfleisch in Scheiben schneiden. Auf einem Servierteller anrichten.

■ Käse in Scheiben schneiden und auf die Birnenscheiben legen. Honig erwärmen, dann auf den Käse träufeln. Mit etwas Zimt bestreuen und servieren.

Crescionda

Amaretti-Schokoladenkuchen

Für 1 Springform (ø 26 cm)

200 g Amaretti-Kekse
1/2 l Milch
200 g Savoiardi (italienische Löffelbiskuits)
5 Eier
100 g Zucker
50 g Kakaopulver
50 g bittere Schokolade
Pistazien zur Dekoration (nach Belieben)

Es gibt Quellen, die der Crescionda eine mittelalterliche Herkunft zuschreiben. Wenn das stimmt, war dieser Kuchen sicherlich ein Rezept der guten alten Resteküche, wo vielleicht hart gewordenes Brot anstelle der Savoiardi benutzt wurde. Welche Epoche auch immer diese Leckerei hervorgebracht hat, sie ist ein Erlebnis: Traumhaft feucht, kräftig nach Schokolade und Amaretti duftend ist das der Kuchen, den Doriana – entgegen seiner winterlichen Tradition – immer bereit hat, denn er schmeckt auch kalt köstlich.

■ Den Backofen auf 180° vorheizen. Die Schokolade einfrieren.

■ Die Amaretti zerbröseln, dafür Kekse portionsweise in einen Gefrierbeutel legen, Beutel luftdicht schließen und ein Nudelholz darüber rollen, bis die Kekse klein geworden sind.

■ Die Milch in eine große Schüssel geben und die Savoiardi darin einweichen. Schokolade aus dem Gefrierfach nehmen und grob raspeln oder mit einem Messer hacken.

■ Die Eier in einer Schüssel verquirlen, dann Zucker, Amaretti, Kakao und Schokolade hinzufügen und alles vermengen. Die weichen Savoiardi unterrühren und gut vermischen, bis die Masse cremig und glatt ist.

■ Eine Springform einfetten oder mit Backpapier auslegen, den Teig einfüllen und 40 Minuten backen.

Fine d'anno
Das Ende des Jahres

Lenticchie di Capodanno
Silvester-Linseneintopf

Für 6 Personen

500 g braune Linsen | 1 Stange Staudensellerie | 1 Bund glatte Petersilie | 2 Lorbeerblätter
1 Knoblauchzehe | 2 Sardellenfilets | 200 ml einfache Tomatensoße (siehe S. 83) oder 1/2 Dose stückige Tomaten | 1 kg Salsicciabrät (siehe S. 36) oder 12 Salsicce
Salz, frisch gemahlener Pfeffer
Olivenöl

Am Vortag aus Salsicciabrät kleine Bällchen formen und kühl stellen. Linsen 2 Stunden in kaltem Wasser quellen lassen. Dann mit etwa 2,5 l gesalzenem Wasser zum Kochen bringen und 40 Minuten köcheln lassen. Zwischendurch abschäumen. Wenn die Linsen fast fertig sind, Sellerie und Knoblauch schälen und fein hacken. Mit Kräutern und Sardellen in 4 EL Olivenöl in einem großen Topf andünsten. Linsen abgießen, das Kochwasser auffangen. Dann in den Topf geben, alles kurz zusammen garen und die Tomatensoße untermischen. Etwa 1,3 l Kochwasser dazugeben und alles 30 Minuten bei niedriger Hitze köcheln lassen. Bei Bedarf nachsalzen und Kochwasser zugießen. Währenddessen Salsiccia-Bällchen in 2 EL Öl vorsichtig anbraten. Für die letzten 5 Minuten unter die Linsen mischen. Auf Suppentellern anrichten, mit Pfeffer bestreuen und einem *filo d'olio* beträufeln.

Im Dezember liegt auch Salvatores Nutzgarten ziemlich karg da. Nur einige Sorten Kohl und die Blattzichorie der Sorte Catalogna, deren gekringelte Sprossen, die Puntarelle, jetzt genießbar sind, können noch geerntet werden, die Üppigkeit des Sommers ist nur noch eine blasse Erinnerung. Sobald das Olivenöl dann überall in Flaschen abgefüllt ist, kehrt auch für die Bauern ein wenig Ruhe ein.

Die Küchen hingegen sind jetzt voll in Betrieb. Doriana und Salvatore müssen wie alle Köchinnen und Köche Italiens drei ganz unterschiedliche Menüs planen. Am Abend des 24. Dezembers – der *vigilia* – steht ein fleischloses Menü auf dem Plan, wie an allen Vortagen hoher Kirchenfeste. Alle erdenklichen Fisch-Zubereitungen werden an diesem Tag serviert: Baccalà fritto (siehe S. 165), Capitone in umido (geschmorter Aal), Frittura mista. Beim großen *pranzo di Natale*, dem Weihnachtsessen, geht es am nächsten Tag mit den kulinarischen Genüssen weiter. Besondere Aufmerksamkeit genießt dabei der erste Gang, die selbst gemachten Tortellini in brodo (siehe S. 151). In den Tagen davor ist deren Herstellung die Abendunterhaltung vieler Familien gewesen, denn auch die fleißigste *azdora* (siehe S. 114) lässt sich bei solch großen Stückzahlen gerne helfen. Kurz angetrocknet und in Frischhaltebeuteln verpackt, werden die gefüllten Teigtaschen eingefroren, was auch das Kochen in der Brühe einfacher macht.

Während des traditionellen *tombola*-Spiels, des italienischen Bingos, werden an den Abenden zwischen Weihnachten und Neujahr Panettone, Pandoro und Torrone gekostet, die in den Wochen zuvor in die Vorratskammern gewandert sind. Besonders üppig geht es dann beim *cenone di Capodanno*, dem Silvester-Abendessen, zu, für das der Speiseplan viel freier gestaltet werden kann. Obwohl das auch für Doriana und Salvatore gilt, bleiben die beiden – mit persönlichen Abwandlungen – den ländlichen Wurzeln ihrer Küche treu. So darf auch der Linseneintopf nicht fehlen: Dieses Bauerngericht gilt als Glücksbringer für das neue Jahr. Je mehr man von den kleinen Hülsenfrüchten isst, desto mehr Geld wird man im neuen Jahr haben. Erst zur Mitternacht werden Doriana und Salvatore aus ihren Küchen kommen, zufrieden die aufgestapelten leeren Teller anschauen und mit einem Glas Prosecco auf das *anno nuovo* anstoßen.

Register

Folgende italienische Begriffe werden auf den angegebenen Seiten erläutert:

Rezepte deutsch

Rezepte italienisch

Antipasti & Suppen

Pasta & Co.

Fleisch

Fisch

Gemüse & Kartoffeln

Brot, Eier & Pizza

Desserts

Bildnachweis

Stockfood
U1, S. 4, 5 alle, 11, 17 alle, 18/19, 21, 23, 25, 28, 33, 35, 37 alle, 41, 42, 46, 51, 52, 56/67, 59, 60, 63, 64, 68, 69, 71, 72, 73, 75, 77, 78, 80, 81, 83, 85, 87, 89, 91, 92, 93, 96/96, 103, 104, 111, 112, 122, 127, 128, 134, 137, 139, 140/141, 143, 147, 148, 150, 153, . 154, 157, 164, 169, 172, 175, 176, 179, 183

Fotolia
U4 mitte, S. 5 oben links, 8/9, 55 oben u. unten, 66, 67, 95 oben/li, oben/re, mitte/rechts, unten/rechts, 145, 162, 163 li und re

Dania D'Eramo
U4 li/re, S. 7, 13, 14, 15, 26, 31, 32, 38, 45, 48, 61, 70, 99, 101, 107, 108, 117, 118, 119, 121, 125, 131, 133, 159,160, 161,166, 170, 171

Plainpicture
S. 16

Mauritius
S. 95 Mitte links und unten links

FSC
www.fsc.org
MIX
Aus verantwortungsvollen Quellen
FSC® C023577

Konzept und Text: Dania D'Eramo, Bonn
Lektorat: Daniel Fischer, Bonn
Fachlektorat der Rezepte: Birgit Kausch, Bonn
Gestaltung, Bildredaktion und Satz: Christine Paxmann text • konzept • grafik, München
Projektleitung: Martin Dort, Lars Pietzschmann
Gesamtherstellung: h.f.ullmann publishing GmbH, Potsdam
Printed in Slovakia, 2017
ISBN 978-3-8480-1091-2
10 9 8 7 6 5 4 3 2 1
X IX VIII VII VI V IV III II I
www.ullmannmedien.com
info@ullmannmedien.com
facebook.com/ullmannmedien
twitter.com/ullmannmedien